日韓記者・市民セミナー　ブックレット９

千円札の伊藤博文と安重根

入管体制、日韓協約、教科書検定から制度と社会を考える

＊目次＊

はじめに

日韓記者・市民セミナー　ブックレット第9号は、「千円札の伊藤博文と安重根」──入管体制、日韓協約、教科書検定から制度と社会を考える──です。

「外国人は煮て食おうと焼いて食おうと自由」。外国人の出入国を担当する法務省入国管理局幹部が一九六五年に出版した本に書いた一節です。支配者の暴力性を端的に表したこの言葉に、抑圧する側は何ら痛痒を感じないかもしれませんが、当事者にしてみればこれほど胸をえぐられる殺し文句もありません。

まさに「まな板の鯉」状態を作り上げた一例が外国人登録法に定められた指紋押捺でした。不法入国、不法滞在でもない日本生まれの在日韓国人二世三世が、居住地の市役所で指紋押捺を一四歳で強制された時、その係官はもはや行政サービスを提供する市役所職員の顔ではなく、権力を笠に着た刑の執行人でしかありませんでした。

在日外国人への人権侵害だと内外から批判を浴びた希代の悪法、外国人登録法は、在日団体や日本の市民運動によって二〇一二年にようやく廃止されました。指紋押捺制度は在日の次世代には適用されなくなったのです。

しかし、このところの入管施設での度重なる外国人の死亡事実は、私たちにかつて繰り返された指紋押捺の悪夢と「煮て食おうと…」の呪縛を彷彿とさせます。今から五〇年以上前の「外国人＝害国人」の意識が、今日のヘイトスピーチ、ヘイトクライムを助長している元凶です。その意識から解放されない限り外国人技能実習制度も留学生三〇万人計画も「観光立国」として活路を見出そうとすることなども「絵に描いた餅」でしかないと言わざるを得ません。

日本人にとって外国人観光客はお金を落としていくだけの存在か、外国人技能実習生は労働力不足を補う穴埋めか、そして各地域で外国籍市民として暮らす在日外国人と共生する意思があるのか。問われているのは受け入れ側の日本社会の度量の広さです。

一橋大学の田中宏名誉教授は一九一〇年の韓国併合条約の第一条「韓国皇帝陛下は、韓国全部に関する一切の統治権を完全かつ永久に日本国皇帝陛下に譲与する」という文言について、「韓国併合が有効であれば、永久に独立できなくなる。条約のつくられ方に問題がある」と述べた上で、日本の朝鮮植民地支配について「何を反省し、その克服のために何にどう取り組むべきか、どういう社会を創っていくべきか、日本はそのことが問われているのではないか」と問いかけます。

戸塚悦朗弁護士は一九〇五年の「日韓保護条約」について、①国家代表個人の強制による条約は絶対無効、②条約の原本がない、③条約を批准していない—との理由から「無効、存在しない」と主張します。さらに『保護条約』で統監になった寺内正毅が署名したその後の『併合条約』は、前段の『保護条約』が法的に無効である以上、統監も無効、不存在である」と結論づけています。

子どもと教科書全国ネット21の鈴木敏夫事務局長は「日本維新の会や『つくる会』は『河野談話』を否定しなければ慰安婦の記述が残ることに危機感を持っている。維新の会の議員は日本政府が歴史教育で『従軍慰安婦』や『強制連行』などの言葉を一掃することが、中国、韓国に対して歴史戦で有利に働くと考えている。教科書の記述を政治の道具と考えている」と批判しています。

「徴用工問題」で韓国バッシングの急先鋒になった指導者が凶弾に倒れたことにより、韓国発祥のカルト宗教団体との癒着が明るみに出ました。日本国民の多数が疑問視、反対する「国葬」問題も含め、日韓関係は新たな局面を迎えるのではないか、予断を許しません。

二〇二二年九月一八日

一般社団法人KJプロジェクト代表　裵哲恩（ペー・チョルン）

第1講　外国人は「害国人」ですか
——日本の「入管体制」を検証する

田中　宏——一橋大学名誉教授

一九六三年一一月、千円札が聖徳太子から伊藤博文に変わりました。その時、私は、駒込の「アジア文化会館」という留学生や研修生の宿舎を運営する民間団体の職員として仕事を始めたばかりでした。

この時代、まだお隣の韓国とは外交関係がありませんから、宿舎にいたのは台湾、香港、東南アジアの学生です。東南アジアの華僑の末裔を華人と言いますが、その華人留学生が「田中さん、日本人は歴史について、どういう勉強をしているのか」と言ったんです。「だって、千円札の伊藤博文は、朝鮮民族の恨みをかってハルピンで撃たれた人でしょう」、「戦後は生まれ変わったはずの日本が、なんでそんな人を持ち出すの」、「しかも、私たちと同じ外国人登録証を持って歩かなきゃいけない外国人で一番数が多いのは、在日朝鮮人でしょう」、「彼らもこれで買い物を毎日するわけで、ずいぶん残酷なことを平気でするんですね」というのです。

なかなか辛辣です。さらに「戦前は政府を批判して刑務所に入れられたが、戦後は言論の自由が保障され、政府を批判する文化人、知識人があまたいるけど、誰一人として、千円札に伊藤博文はないだろうと言わない。一億人の日本人が、何を考えてるのか薄気味悪い」と言われました。

当時、私は留学生とさほど歳が違わないので、とてもショックでした。

これがその千円札ですが、彼らとお茶を飲みに行くときは「今日もこの千円札を使わなきゃいかんな」と、そうしたことを嫌というほど経験しました。

▼日本のなかの外国人と「入管体制」

こんな彼らとのやりとりは、いっぱいあります。当時、華人留学生の間では、名前を「ローマ字」か「カタカナ」で書いていました。漢字で書くと、日本に住んでいる朝鮮人や中国人と間違われて嫌な思いをするからだ、というのです。

それから、今はいろんな国の人がたくさんいますから、そうしたことはないかもしれませんが、当時は日本社会に外国人がほとんどいなかった。しかも東南アジアの華人は顔形《かおかたち》が我われと似ています。山手線に乗って、広東語とか福建語とかで友人と話をしていたら、乗客から「ここは日本なんだから、朝鮮語なんか喋るな」って怒鳴られたというんです。それで彼らは日本に住む朝鮮人がどういう扱いを受けているか、身にしみたというわけです。

これはベトナムの留学生から言われたことですが、「日本人はシャイだから、字では外の国の人で『外国人』となるけれど、内心では、国に害になる人『害国人』だと思っているんじゃないの」と言うんです。「ガイコクジン」、音は全く同じです。

考えてみると、当時の「外国人登録証」は、上に「顔写真」が貼ってあり、その下に、黒々と「指紋」が押してあった。それを常時携帯する義務が課されていました。

刑事ドラマじゃないけど、「指紋」は大体犯罪と結びつきます。外国人は何をするかわからない、犯罪者予備軍だから、あらかじめ指紋を登録しておく、というように思われたかもしれません。要するに、何で外国人だけ指紋とるのかということです。

そういうことで、私は、日本における外国人の地位・処遇について、仕事の中でさんざん考えさせられました。

最近、スリランカ国籍の女性（ラスナヤケ・リヤナゲ・ウィシュマ・サンダマリさん）が、名古屋入管で亡くなった事件が大変大きな社会的反響を呼びました。入管は酷いところだというのがものすごく知れ渡りましたが、これは入管だけの問題じゃないというのが私の見方です。

入管というと入国管理事務所のことで、今では出入国在留管理庁に名前が変わりましたが、東京の品川に事務所があります。「入管体制」という場合はもっと広い意味で、日本の社会が外国人にどう対処しているかという、より大きな問題です。一九七〇年代の入管法反対運動の頃は、よく使われた言葉です。

もう亡くなっていると思いますが、入管局長の下の参事官で池上努（ちから）という検事が、『法的地位二〇〇の質問』（京文社一九六五）で、「外国人は煮て食おうと焼いて食おうと自由」と書いた。ある意味で、極めて適切に権力の考え方を表現したといえます。

こう考えると、スリランカの女性のことも、外国人なんて、どうしたっていいんだということになります。

次は、アメリカ人の夫を持つ日本人の女性から聞いた話です。かつて指紋押捺の制度があり、登録証の切り替えの時に市区町村役場で指紋を押すんです。アメリカ人も行くわけです。そうすると、係員が「指紋までお願いしてすみませんね」「日本には多くの朝鮮人がいるもんですから」と言ったというんですね。たぶん、その役人も無意識のうちに口にしたのかもしれません。欧米では、人権意識もだいぶ違いますから、「日本の役所はひどい」とカンカンになっていたと、その女性から聞いたことを思い出します。

それから、これは東大大学院に通う台湾の男子留学生のことですが、家主とトラブルになった。よくあることですが、他人を泊めちゃいかんという建前があるんです。ところが、ちょっと遠くからきた友人に「おまえ一晩泊まるかい」というようなことになるわけです。それで家主の息子と喧嘩になって、パトカーが来た。結末は家主の息子は略式で罰金とられたが、留学生は不起訴になった。不起訴処分通知書をもらっていました。

その留学生が私のところに来て、「不起訴になったのに、ビザを伸ばしに行ったら、半年縮められた」と訴えました。留学生は一年に一回、ビザの延長のために入管に行くんです。「縮められたのは納得できない」と言うから、私は本人を連れて法務省に行き、担当の入国管理局資格審査課の課長に会いました。何かトラブルがあったようだが、不起訴なのにどうしてビザを半年に縮めるのか、おかしいじゃないか、と文句言ったんです。その係官は「日本人が迷惑を受けた」と言うんです。留学生のために家主の息子が罰金を課せられた。だから警告の意味で半年に縮めた、半年経ったらまたビザは延びるから気にしなくていいんじゃないかと言っていました。

私は、入管とはいろんな事件で関わりましたが、彼らには、「外国人との最前線で、日本人を守ってやっている」というような意識があるんじゃないかと思うんです。

▼韓国併合条約と在日・旧植民地出身者

日本は、お隣の朝鮮半島を植民地にしましたが、そのときの手続きと結果にどういう問題があるかということも考えてみます。韓国併合条約の第一条には、「韓国皇帝陛下は、韓国全部に関する一切の統治権を完全かつ永久に日本国皇帝陛下に譲与する」とあります。お譲りする、全部日本のものになるということです。

「完全かつ永久に」と書いてあります。併合条約が有効か無効かという議論がありますが、有効だったら朝鮮は永久に独立できないことになる。そうすると、やっぱり条約のつくられ方に問題があり、有効・無効が問題なのです。

その前の一九〇五年の「日韓協約」には「日本国政府は、在東京外務省により今後韓国の外国に対する関係及び事務を監理指揮すべく…」とあります。したがって、併合条約は、日本の「自作自演」ということになります。要するに、無理筋の条約なのです。また、日本で言えば皇后を、日本大使館の外交官が殺害したわけです（閔妃殺害事件）。一八九五年ですから、併合するちょっと前です。

そして朝鮮を日本の中に全部組み込みました。ところが日本が戦争に負けたら、「朝鮮人は内地に在住する者も含めて、全て日本国籍を失う」との通達により、一九五二（昭和二七）年四月二八日に一方的に「外国人」であると宣告します。それまで日本は連合国に占領されていますが、平和条約が効力を発して主権を回復したところで、通達でもって国籍をなくしました。

憲法には、「日本国民たる要件は、法律でこれを定める」と書いてある。どういう人が日本国籍を有し、どういう場合に日本国籍がなくなるかなど、国籍に関することは、国会を通過した法律で決める（法律主義）と憲法一〇条にあるんです。ところが国籍を失うという重大なことを法律ではなく、一片の通達でやりました。憲法違反でしょう。

これについては、もちろん裁判を起こした人がいますが、一九六四年四月五日の最高裁大法廷判決が通達にお墨付きを与えて、今もそれが活きているわけです。

かつて日本が同盟を組んで戦争をやったドイツ（法ができた頃は東西に分裂）は、隣のオーストリアを併合し、オーストリアという国はなくなりました。しかしドイツが戦争に負けたので、オーストリアは復活します。朝鮮と同じです。

西ドイツの法律（一九五六年）は、併合により付与されたドイツ国籍は、オーストリア独立の前日に消滅すると定め、ただし、西ドイツにいる者、要するに在独オーストリア人（在日朝鮮人に該当）は、自己の意思表示によりドイツ国籍を回復する権利を有すると定めました。一旦全部消すけれど、届け出て自分の意思表示をすれば、なくなったドイツ国籍が戻ってくる。要するに法律をちゃんと定めて国籍を選択させたんです。

ちょっと細かい話になりますが、日本の場合は、併合によって日本国籍になった朝鮮人は、朝鮮半島の人も日本にいる人も、対日平和条約が効力を発したとき（一九五二年四月二八日）に「日本国籍」がなくなるとされました。

大韓民国ができたのは一九四八年八月、朝鮮民主主義人民共和国は四八年九月です。日本政府の理屈によると、両国は日本国籍者がつくった国で、その後、五二年四月の講和条約発効の時、その「日本国籍」が消えることになるんです。とんでもない話ですよね。ドイツの場合は、オーストリア独立の前日に、ドイツ国籍を全部消すと法律で定めており、日本とは大違いです。

ドイツと日本はいろんな点で比べられますが、こういうところでも決定的に違います。日本は「通達」で済ませ、国籍が移動する日は日本独立の日にする。ドイツは「法律」を作り、オーストリア独立の前日に国籍問題を処理する、また、国籍は本人の意思に任せる。

日本の場合は、全部外国人になりますから、日本国籍を取るには「帰化」するしかない。帰化の決定権は、日本の法務大臣が持っています。この点でもドイツと日本は全く違うんですね。

戦後四〇年（一九八五）、西ドイツのワイツゼッカー大統領は、連邦議会で「過去に目を閉ざす者は、現在をも見ることができない」という有名な記念演説をして、世界的に高い評価を受けました。

同じ戦後四〇年の八月一五日に、中曽根康弘首相は、靖国神社に初めて「公式参拝」して、内外から猛烈な反発を受けました。翌年七月の衆参同日選挙では、自民党は三〇四議席取って中曽根首相は大勝します。その直後の八月一五日は、どうするか注目されました。

時の官房長官後藤田正晴は、すごいなと思うんです。靖国には東条ら「いわゆるA級戦犯を合祀していること等もあって…我が国の行為により多大の苦痛と損害を蒙った近隣諸国の国民の間に、そのような我が国の行為に責任を有するA級戦犯に対して礼拝したのではないかとの批判を生み…明八月一五日には、内閣総理大臣の靖国神社への公式参拝は差し控えることとした」という「談話」を発表したのです。中曽根首相は何も言わず、後藤田官房長官が全部説明したんです。戦後四〇年のときも、ドイツと日本は全然違いました。

▼北方四島で考える「領土変更と住民の国籍」

二〇一六年一二月、プーチン大統領が来日し、安倍晋三首相も燥《はしや》いで、地元の山口にまで連れて行きました。ひょっとしたら北方四島が戻って来るのではないかと思われるほどでした。私は戻ってきたら、そこに住むロシア人はどうなるかということに大きな関心を持ってきました。これは領土変更と住民の国籍の問題で、古くて新しい問題です。

二万四、五千人のロシア人が住んでいる。今日からロシア人は全部「日本人」。それは嫌だから、領土はいただきたいけど、上に住んでいる人は、すべて「外国人」にする？ そうすると、ロシア人は第二の在日朝鮮人になります。

普通、外国人は外から入ってきます。入国時に在留資格が決められて入国します。ところが、在日朝鮮人は、突然、今日から「外国人」とされました。パスポートも何もない。それと同じことが起こります。

逆に「日本人」にしたら、戦前にやったように「日本名」に変えてもらうんですか？「〇〇スキー」は困るからと「北島太郎」に創氏改名するんですかね。ロシア人住民をどうするんですか？

一橋大学にいた時、「領土変更と住民の国籍」という授業を組み立てようと考えました。例えば、ドイツとフランスの間ではアルザス＝ロレーヌ問題、ドーデの『最後の授業』とか、いろいろあります。

朝鮮は併合の日から「完全かつ永久に譲与」しましたが、台湾はちょっと違います。下関条約では、日本の支配に服したくない人は二年間の猶予を与えるから出ていけばよろしい、とされました。そして二年経ったあとも残る者は、全部「帝国臣民」にするというものです。

北方領土について、いろいろ調べましたが、領土変更と住民の国籍・処遇のことがよくわからない。そこで、総理府の北方領土対策室に電話かけて、授業で北方領土を扱おうと思うけど、ロシア住民の国籍・処遇についてどういう方針なのか、資料はないかと聞きました。何もないという返事でしたから、学生にもそれを伝えました。

北方領土が今にも帰ってくるみたいな雰囲気なのにおかしいよねと言ったら、ある人が「いや、本当に帰ってくるとは思ってないのよ」と言いましたが、そうかもしれません。たしかに、本当に帰ってくるなら、それなりの段取りをしなければならないわけです。それにしても、歴史から何も学んでいないと思います。

一九九七年の香港返還に関する「中英協定」には、向こう五〇年は基本的に現状維持がうたわれました。今年（二〇二二）は二五年で、その中間年です。香港は一国二制度で、それがだんだん骨抜きになり大騒ぎになっていますが、では北方領土はどうするのか？　一国二制度にするのか、ロシア語と日本語を公用語にするのかとか、具体的に考えないといかんでしょう。

台湾でも朝鮮でも、植民地の学校では朝鮮語や閩南語《びんなんご》という台湾語を使わせないようにしました。喋れば「言葉札」を首からぶら下げられて、それが何枚か溜まると教室を出て行かなければならない。そういう形で強制したわけです。これを今度ロシア人にやりますか？

プーチンが来たときに、どこかの新聞が北方領土返還後の住民の処遇についての記事や社説を書いてないかと調べましたが、何もないんです。記者も、安倍首相に質問したら面白いと思いますが、誰も興味がないようです。

▼一九五二年平和条約発効で激変する法制

日本の戦後史で一番重要な日を一日だけ選べと言われたら、私は迷うことなく一九五二年四月二八日を選びます。

沖縄の人はこの日を絶対忘れません。日本本土は独立したけれど、沖縄は依然として米軍の占領下に置かれることになる日です。

そして、旧植民地出身者が「日本国籍」を失い、今日から「外国人」とされたのもこの日です。この日に「外国人登録法」ができて、指紋押捺義務が登場しました。この時初めて指紋を採るようになったんです。反対運動のため、実施は五五年になります。

法律は、一月一日から年末までに国会で成立したものに、順番に番号をつけていきます。一九五二年の「法一二五」が外国人登録法です。

次が「法一二六」です。これは「ポツダム宣言の受諾に伴い発する命令に関する件に基づく外務省関係諸命令の措置に関する法律」という長い名前の法律で「法一二六」と略称されます。当時、入管は外務省の外局だったので外務省の名が出てくるんです。「法一二六」はどういうものか。日本にいる旧植民地出身者を突然外国人にしても、いきなり「在留資格」を決めようがありません。外から入国するときは、観光、留学、宗教（牧師）とか「報道（特派員）」とかに振り分けます。しかし、六〇余万の旧植民地出身者を、一晩のうちに振り分けることはできません。そこで、「在留資格」「在留期間」が決定されるまでの間、…本邦に在留することができる、という暫定措置を決めた法律です。

次の「法一二七」は「戦傷病者戦没者遺族等援護法」です。そこには、「戸籍法の適用を受けない者は、当分の間この法律を適用しない」とあります。簡単に言うと、戦争で死んだり怪我したりした朝鮮人、台湾人には、この法律を適用しない、すなわち戦後補償はしないと宣告したのです。

大島渚監督の『忘れられた皇軍』という有名なドキュメントがあります。一九六三年八月一六日の日本テレビの「ノンフィクション劇場」で放映されました。戦争で怪我をしても、日本人の場合は傷病年金が出ますが朝鮮人には出ない。大島監督は、当初ベトナム戦線から日本に運ばれる負傷米兵を通じて、時の「日本の戦争」を考えようと思っていたら、お祭りなどで白衣の傷痍軍人などが、前に箱か鍋かを置いて物乞いをしているのは、実は戦後何の補償も受けられない朝鮮人と知ってカメラを回わすことにしたと書いています。『忘れられた皇軍』には、電車の中のアコーディオンを持った白衣の負傷兵の姿も出てきます。それを生み出したのが「法一二七」ということになります。

ふと「当分の間」って、どれくらいの間かなと思いますが、結局は、無期限ということです。本当にむごいものです。この「戸籍法の適用を受けない者」とは旧植民地出身者のことです。日本の戸籍は、「(内地)戸籍」、「朝鮮戸籍」、「台湾戸籍」と峻別されていて、おなじ「帝国臣民」でも別々に管理する仕組みとなっていました。だから、日本内地にいても内地戸籍には入れません。日本の戸籍にのらない人は、簡単に言えば朝鮮人、台湾人のことなんです。

▼広がる国籍差別の一般化

一九五二年、日本が主権を回復すると、かくして「国籍を理由とする差別」が一般化して行きます。外国人は、あれもダメこれもダメだとされていきます。「忘れられた皇軍」の戦後補償がまず第一号でした。例えば、割合早い時期の一九五九年にできた「国民年金法」も国籍条項により、年金制度から除外されます。福祉国家に向けてさまざまな社会保障制度（例えば、児童手当三法）が発足しますが、ことごとく国籍を理由に対象外とされます。

戦前は、役人には「恩給法」が、民間企業の従業員には「厚生年金法」がありました。ところが自営業やお百姓さんには何もない。そこで、戦後は、多い少ないはあるけれど、全ての人が六五歳になったら年金が受けられる仕組みをつくりました。それが国民年金法です。

この「国民」というのが曲者です。外国人は加入できません。外国人は老後どうするか、そんなもの知らないというわけです。

ちょっと脱線しますが、福岡ソフトバンク・ホークスの王貞治会長は、若いころ、早稲田実業の投手で、甲子園で優勝しました。しかし、その年の静岡国体（一九五七）に早稲田実業は出場しますが、彼はスタンドでの観戦を余儀なくされました。彼は中国人だから「国民体育大会」には出られないんです。外国人が一等取ったら癪《しゃく》に触るのかどうか知らないけど、そうなっていたわけです。

ついでに脱線すると、私はかつて愛知県立大学にいたことがあります。毎年、成人式になると市役所から案内状が来て、何か簡単な記念品がもらえます。あのトヨタ自動車のおひざ元の豊田市が、成人式の案内状を「在日」によこさなかったので抗議に行ったことがあります。市役所に押しかけて、「けしからん。同じ市民なのにどうして差別するのか」と抗議しました。

出てきた課長が、「いや皆さんいろいろ言われますが、私どもが、成人式の仕事をする根拠になるものは、『国民の祝日に関する法律』です。国民を対象にすることで、特に問題はないと思うんです」と言いました。役人は「国民」というと、「習性として」外国人を外すんですね。国籍差別の一般化は、あげていけば切がありません。

もう一つ脱線しましょう。憲法三〇条には「国民は、法律の定めるところにより納税の義務を負ふ」とあります。この国では、「国民」だけが納税の義務を負い、外国人は負わないのだろうか。そうはいかないんです。例えば、所得税法第五条は、「居住者は、この法律により、所得税を納める義務がある」と定める。憲法三〇条の「国民」は、外国人をも含むようです。

ちなみに、税法には、決して「国民」という文言は出てきません。「居住者」と「非居住者」です。外国人は、税金は「平等」に収めているのに、なぜあれこれ差別が許されるのだろうか。素朴な疑問です。

▼戦後三〇年（一九七五）、ベトナム難民の衝撃

戦後三〇年の一九七五年は、とても重要な年になりました。四月三〇日にサイゴンが陥落してベトナム戦争が終わり、南北ベトナムが統一されます。ところが社会体制が違うことも影響したと思いますが、南ベトナムから大量の難民が流出しました。ボートピープルです。

日本とベトナムはそんなに近くないけれど、地球規模で見ると「目と鼻」の先です。それでボートピープルが日本にもやってきました。パスポートもなければビザもないのですが、入管は、今までどおりに「密入国」で捕まえて「大村収容所」に送り、強制送還するわけにはいかなくなりました。

偶然だと思いますが、同じ年にサミット（主要国首脳会議）が始まりました。一九七五年一一月にフランスのランブイエで第一回サミットが開かれて、三木武夫首相が参加しました。

アジアは日本だけ、あとは欧米の国々で、アメリカ、カナダ、そしてイギリス、西ドイツ、フ

ランス、イタリアです。ベトナムは日本が一番近く、あとは地球の反対側に近い国々です。難民保護については国際的なコンセンサスがありますから、日本も捕まえて大村収容所送り、後は強制送還するわけにいかなくて、とりあえず一時上陸許可を認めることにしました。その上で、難民の受け入れ先が決まったら、出ていってもらうことにした。一時滞在許可を更新する仕組み。すぐ決まらなくてもそれを延長してあげましょうということにした。

そんな時、フランスのル・モンド紙（一九七八、五、二五）が、日本の難民受け入れ消極策の背景に朝鮮人差別があると書いたんです。まさに図星ですが、残念なことに日本の記者には書けなかった記事です。

日本は朝鮮人を散々差別して、あれもダメこれもダメとしてきたので、新しい外国人は入れたくない。一時上陸は認めるけど、いずれ他の国に行ってもらう。これは外国の方から見ると、日本は難民をみんなよその国に押し付けるということになります。トヨタの自動車を売ってしっかり金を儲けているのに、なんだって話になりますよね。ついに、日本政府も重い腰を上げて、国際人権規約と難民条約という二つの条約を相次いで批准します。難民条約はできてから三〇年も経っていました。

一九七九年、日本が国際人権規約に加入したときに、公営住宅、公団住宅とか住宅金融公庫とか、これら公共住宅関係の国籍差別が撤廃され、外国人に開放されます。

公営住宅は安いから、難民に住んでもらおうとしても、外国人はダメ。その差別を受けた対象は、言うまでもなく在日コリアンでした。それが「難民のおかげ」で変ったわけです。

次は一九八一年の難民条約批准です。この批准で、入管法が「出入国管理及び難民認定法」に変わります。この時、私は参考人として国会に呼ばれたのでよく覚えています。「難民の地位に関する国際条約の批准承認に伴う関連国内法の整備に関する法律案」と書かれた白表紙の資料が送られて来ました。中身は簡単です。さっき話題にした国民年金法と児童手当三法の国籍条項削除の法改正です。児童手当は三つあるんです。母子家庭のための児童扶養手当。今は父子も出るのかな。それから障害児のための特別児童扶養手当。それから三番目の子どもから出る児童手当。今は子どもが少ないから第一子から出ます、所得制限はありますが。これらは全部「国籍条項」があり、外国人を排除していました。「忘れられた皇軍」と同じです。

ところが難民条約では、第二四条に、社会保障について、自国民と同等に扱う「内国民待遇」を定めています。だから批准しようと思ったら、国内法を掃除しなければならない。簡単に言えば、国民年金法と児童手当三法の国籍条項を削除する法改正を国会で行わなければならなかったのです。

一九六五年に日韓条約を締結しても何も変わらなかったけれども、日本が難民条約を批准すると、朝鮮人も児童手当がもらえるようになりました。公営住宅にも入れるようになったんです。

日韓条約は、難民条約以下だったというほかありません。

私は『在日外国人』（岩波新書）の中で、ベトナム難民がもたらした変化を「黒船」と書きました。編集部が「黒船ってどぎつすぎないか」と言うから、妥協して鍵括弧（「」）を付けましたが、それくらい強烈な衝撃を与えたと言いたかったのです。これでわかるように、「国籍」の持つ意味、「国民」のもつ意味も変わってくるのです。

児童手当にしても国民年金にしても国民体育大会にしても、出入国管理と関係ないでしょう。だからスリランカの女性の問題についても、入管は酷いという理解だけではだめで、この国の外国人に対する認識を、「入管体制」として見る視点が必要だと思います。国全体の仕組みの問題として考えることが求められています。

▼八九年入管法改正と外国人労働者

一九八九年に入管法が改正されて、外国人労働者を受け入れるための仕組みが初めてつくられました。

どういうことかというと、全ての外国人を「就業可」か「不可」で色分けする。就労不可の人を雇うと、雇った人が処罰される。そういう仕組みを導入しました。実際に施行されたのは九〇年です。だから一九九〇年から、外国人労働者を一応受け入れるようにはなりました。

ところが、これもごまかしが多いんです。実際にどういうことが起きたかというと、日系人（日本人の血の入った外国人）は特別扱いにしましょうということで、「定住」という在留資格をつくり、就労の自由化に踏み切ります。多くがブラジルとペルーからです。

その人たちはどこへ行ったかというと、ほとんど自動車産業です。一番数が多いのはトヨタの愛知県。次は静岡県、ホンダ、ヤマハ、スズキがあります。その次が神奈川県です。日産、今は追浜工場はなくなりましたけど日産です。その次が群馬県でスバルの富士重工。世界に誇る日本の自動車産業の下請け孫請けは、就労が自由化された日系人が大量に入って成り立っている。だけど、日系人を入れたのであって、外国人労働者を受け入れたのではないというのです。やり方が曲がっているんですね。

次いで「研修生」を入れるようになるんです。留学生は「座学」で机に座って勉強する。研修生は「実学」で、工場で機械の操作とかを学ぶというわけです。ところが工場で学ぶというけれども、それは学んでいるのか働いているのかよくわからない。

結果的には、人手が足りないからと働かしているわけです。そして賃金問題や、待遇、処遇の問題が起こります。携帯電話を持たせないとか、同国人と接触しちゃダメだとか、細かくは説明しませんけど、多くの問題が起きています。

二〇一六年に「外国人の技能実習の適正な実施および技能実習生の保護に関する法律」ができました。いかに問題があるかが、逆にわかるでしょう。建前としては「開発途上地域等への技能、技術又は知識の移転による国際協力を推進することを目的とする」というのが法の目的です。

「建前」は国際貢献ですが、実際には労働力の移入です。「技能実習は、労働力の需給の調整の手段として行われてはならない」と同法三条がうたうことが、逆に現状を反映しており何とも皮肉というほかありません。最近では、コロナで実習生が入国できないから困っている農家の話など、がよく報道されています。

「留学生三〇万人計画」が、福田康夫首相の時に策定されました。二〇〇八年のことです。留学生が来るのはいいけれど、実はそれが労働者の役割を果たしています。

「外国人雇用状況調査」といって、毎年一〇月一日現在の企業で働く外国人に関する統計が出るんです。これは法律的に届け出が義務付けられていますから、ある程度正確です。

二〇年統計を見ると、一位が永住者とか日系人とかの「身分」に基づくもので五四万人、全体の三一％です。それから「技能実習生」が四〇万人で二三％。その次が「資格外活動（留学生等）」三七万人で二一・四％。ここまでは「建前」としては外国人労働者ではないことになっている。

最後の「専門技術職等」三五万人が、正味の外国人労働者として認められています。例えば大学教授とか「人文知識・国際業務・技術」の大卒のホワイトカラーなどの専門職、日本人と競合しないようになっているプロ野球の外国人選手とか大相撲の外国人力士などは「興行」ビザで、エンターテイナーです。一つのチーム、一つの部屋に一人とか二人とか制限されているんです。このように、正式に働くことを認められている人は全体の二割。あとはそうでない人が、実際には働いている。ごまかしですね。

▼なぜこうなのか？　法の壁と心の溝

少し違った観点から最後にひと言、何でこうなるのか、考えていることを述べます。矢内原忠雄と鈴木一（はじめ）、そして韓健洙（ハン・ゴンス）、韓国の大学教授です。

韓健洙という江原大学校文化人類学科教授が書いた文章から話を始めます。

「日本の植民地支配に抵抗する過程で形成されてしまった単一民族論と純血主義は克服されるべきである。…文化的優越主義や文化的同質性をもって、民族のアイデンティティを形成することは間違いであるに止まらず、現実には合わないことをまず認めるべきである。新しく再編される韓国社会、または韓国人が、民族と文化の多様性を通して新しい歴史を創っていくべきであるからだ」と。「歴史的背景から見た韓国の多文化社会、民族の優越性を乗り越えて多様性の時代へ」というのがその文章のタイトルです。

この文章は、コリアナ（Koreana）という韓国国際交流財団が出している季刊雑誌に載っています（一五巻二号、二〇〇八）。この雑誌は八カ国語で出されていて「日本語版」もあります。日本にも国際交流基金がありますが、こちらは日本語と英語だけです。やはり違うんですね。

私は、韓論文にびっくりしました。要するに植民地支配に抵抗する過程で、単一民族とか純血とかに一生懸命頑張ってきたけど、もう今はそれが足かせになっている、そういうものを乗り越えて多様性を受け入れる新しい社会を創らなきゃダメだと言っている。

ところで、日本はどうかと考えたいのです。植民地支配って、「された」のは朝鮮サイドだけど、「した」のは日本側です。日本は植民地支配、それを振り返り、何を反省し、戦後、その克服のために何にどう取り組むべきか、どういう社会を創っていくべきか、日本は、そのことが問われているのではないかと、この文章を読んで思いました。

そして矢内原忠雄（一八九三〜一九六一）です。矢内原は、植民地研究の第一人者とされる人です。東京帝国大学で「植民政策論」を担当して、その『帝国主義下の台湾』（一九二九）は名著とされ、当時台湾では禁書ですが、日本に留学した学生は涙を流して読んだという話を聞いたことがあります。とても優れた植民地研究者らしいです。

矢内原は、一九三七年に日本政府の中国政策を批判して、辞表を出して東大を辞めることになる。戦争末期の八年ぐらいは「冷や飯」を食うわけです。世の中が変わって東大に復帰して、一九五一年から五七年まで東大総長を務めます。さて、戦前から植民地問題をずっとやってきた専門家が、戦後どうしたかということです。

「その植民政策論の名称をどうしようかと言いますから、私は、日本はもう植民地はなくなったし、植民政策でもあるまいと言って、植民政策論の講座を、国際経済論という講座に変えた」という（「私の歩んできた道（第一一回）、東大新聞、一九五八、一二、一一）。

調べてみると、戦後日本を考察した上下二巻の『戦後日本小史』（東大出版会一九五八・六〇）の編者になっています。矢内原の「あとがき」には、「上下両巻を一つとして、戦後日本民主化の諸問題の所在を明らかにし、今後進むべき方向を示唆することができれば幸いである」と書いています。著名な東大教授が分担執筆しているが、いろいろ読んでみたけれど、在日旧植民地出身者の問題には何にも触れていない。戦後日本の民主化の諸問題の中に旧植民地出身者の問題は含まれないようです。驚くべきことではないでしょうか。

戦後は、だいたい東大を出たのが、永田町なり霞が関を動かしたわけです。植民地研究の第一人者とされる東大総長が、「日本はもう植民地はなくなったし…」とこともなげに語るわけです。それはないでしょう。

小松川・李珍宇（イ・チヌ）事件、都立小松川高校の女子高生が在日朝鮮人の少年に殺されたという事件です。一九五八年九月に一八歳の李少年が捕まって、地裁から死刑判決で、最高裁までそれが維持され、六二年一一月に処刑されます。

これはとても大きな反響を呼んだ事件です。作家大岡昇平（一九〇九〜八八）は「婦人公論」（一九六〇年一〇月号）に、「李少年を殺してはならない」を書いています。著名な劇作家木下順二（一九一四〜二〇〇六）は、事件を題材にしてテレビドラマ『口笛が冬の空に』を書き、NHKTVで放送されたのは六一年三月のこと。李少年の死刑執行前です。

ちょうどその頃、北朝鮮への帰還船が出ていたこともあって、ドラマでは彼のことを案ずる教師が、北に帰ったらどうだって勧めるんですね。でも結局彼は自殺する。

そして高級官僚の鈴木一（一九〇一〜一九九三）です。鈴木一は「ポツダム宣言」を受諾した時の総理大臣・鈴木貫太郎の息子です。

彼は入管の初代局長です。正確に言うと、入管は一九五〇年一〇月、外務省外局の出入国管理庁として発足、鈴木はその長官に就任。五二年七月に法務省入国管理局になり、初代局長にもなります。初代の入管の責任者です。

「昭和二五年（一九五〇）、出入国管理庁の長官を拝命したのである。ここに初めて隣邦とのいわゆる朝鮮問題を直接担当することになった。自分自らもまた日本人のほとんど全部と同様、いかに隣邦に対して無知であるかを痛感したのである」という（同『韓国のこころ』洋々社一九六八）。そして、現職の局長名で、朝日新聞の「論壇」（一九五四、四、九）に「日韓友好への近道—外交問題とは別に総合政策急げ」と題して投稿しています。

「かつてはわが同胞であったこれら在日朝鮮人の人たちに対する総合政策を、是が非でももたねばならぬと主張するのである。『百万の全朝鮮人よ、米のうなる楽土に帰れ』とのビラは、何時の世にもある一部の過激分子の策謀に過ぎないが、政府に確固たる総合政策のあることを示さぬ限り、在日朝鮮人一般が不安と怒りに陥ることは無理のないことである」。

矢内原は、東大総長の時、この「論壇」を当然読んでいると思うんです。「婦人公論」の大岡昇平の文章、木下順二のテレビドラマを見て、何も感じなかったのか…。この問題はとても根が深いと思います。

〔質疑応答〕

（Q）矢内原先生は、とても有名で東大の学生にとっては神様のようにあがめられていました。今日初めて、その彼がとんでもない日本人だったことを知って大変驚いています。矢内原先生は、東大ではそんなふうに言われることはないのでしょうか？

（A）ないでしょうね。

（Q）経済学の権威だというふうに習いましたが、根本的に大きな問題なのに、どうしてみんな知らないのかと…。

（A）二九巻の矢内原全集があります。それで五一年から五七年まで総長でしたから、入学式の式辞、卒業式の式辞など全部残っています。一生懸命読みました。全く出てきません。韓国の先生に倣えば、植民地はなくなったけれど、植民地に伴う様々な問題に、我われはこれから立ち向かっていかなきゃいけないとなるわけです。矢内原がそれを言わなければ誰が言う、と言いたいところですね。

実は東大に「社会科学研究所」をつくったのは矢内原で、初代の所長です。ただ、その社会科学研究所の中に、植民地が残している問題、植民地に伴う様々な問題をどうするかという研究セクションをつくれば、少し違った社会になったのではないかと私は思います。
しかし、歴史には、イフ（if）は許されません。私もどうしてこうなのかということを、明らかにできないのでもどかしいわけです。
ここ数年、韓国の大学の先生のあの整理を念頭に置きながら、いろいろやっていて、私の宿題でもあります。

（司会）田中先生、ありがとうございました。

（日韓記者・市民セミナー　第二五回　二〇二一年一二月一三日）

第II講　日韓関係の危機をどう乗り越えるか
——日韓協約の不存在から考える

戸塚　悦朗 ——— 弁護士

ここはとても意味のある会場です。入り口に一九一九年の三・一独立宣言の記念の場所だと書いてある。確かこの中には資料室があるはずです。サムイル（三月一日）より先に在日の方々が独立を宣言して、それが韓国に持っていかれたと聞いています。

そのサムイルよりも先に起きた、独立運動で画期的な事件が安重根（アン・ジュングン）義軍参謀中将による伊藤博文射殺です。一九〇九年一〇月二六日のことですが、その五カ月後の一九一〇年三月二六日に処刑されました。処刑された日が今日です。それから一一二年になります。

ソウルの安重根義士紀念館では、大々的な紀念行事が今行われていると思います。そういう非常に意味のある日に講演を提案させてもらいました。

一〇月二六日は伊藤博文を射殺した日ですから日本人にとってはセンシティブかもしれませんが、安重根が処刑された日は日本にとっても歴史を振り返る良い日でありまして、あんまり遠慮する必要がないのではないかと思います。

▼従軍慰安婦問題から乙巳条約へ

皆さんは乙巳《ウルサ》条約として聞いておられるのではないかと思いますが、一九〇五年一一月一七日付の日韓協約、日本では保護条約と呼ばれています。

〔1〕安重根義士紀念館の伊藤博文罪悪十五箇条石碑

この写真〔1〕は、ソウルの安重根義士紀念館にある石碑です。安重根が挙げた伊藤博文罪悪十五箇条です。第一の罪悪がいわゆる閔妃（ミンピ）暗殺です。一八九五年のことでした。日本の三浦梧楼公使が中心になって景福宮《キョンボックン》を襲撃して明成皇后（ミョンソンファンフ）を暗殺したことを第一の罪悪にあげています。

第二の罪悪が乙巳条約。一九〇五年一一月一七日に、ソウル市庁の目の前にある徳寿宮《トクスグ》に日本軍が押し入って韓国の閣僚たちを銃剣で取り巻いて、結ばせました。条文が五つあるものですから

「五条約」とも言われます。それらの罪悪を伊藤博文が犯したから撃ったということを、検察官に漢文で書いて説明したということです。この碑の原本がどこにあるのかはよくわかりませんが、私はこれを見て非常に驚き、衝撃を受けました。

そしてここで紹介するのが、その安重根が罪悪の二番目に挙げた一九〇五年一一月一七日付の条約について書かれている国連の報告書〔2〕です。

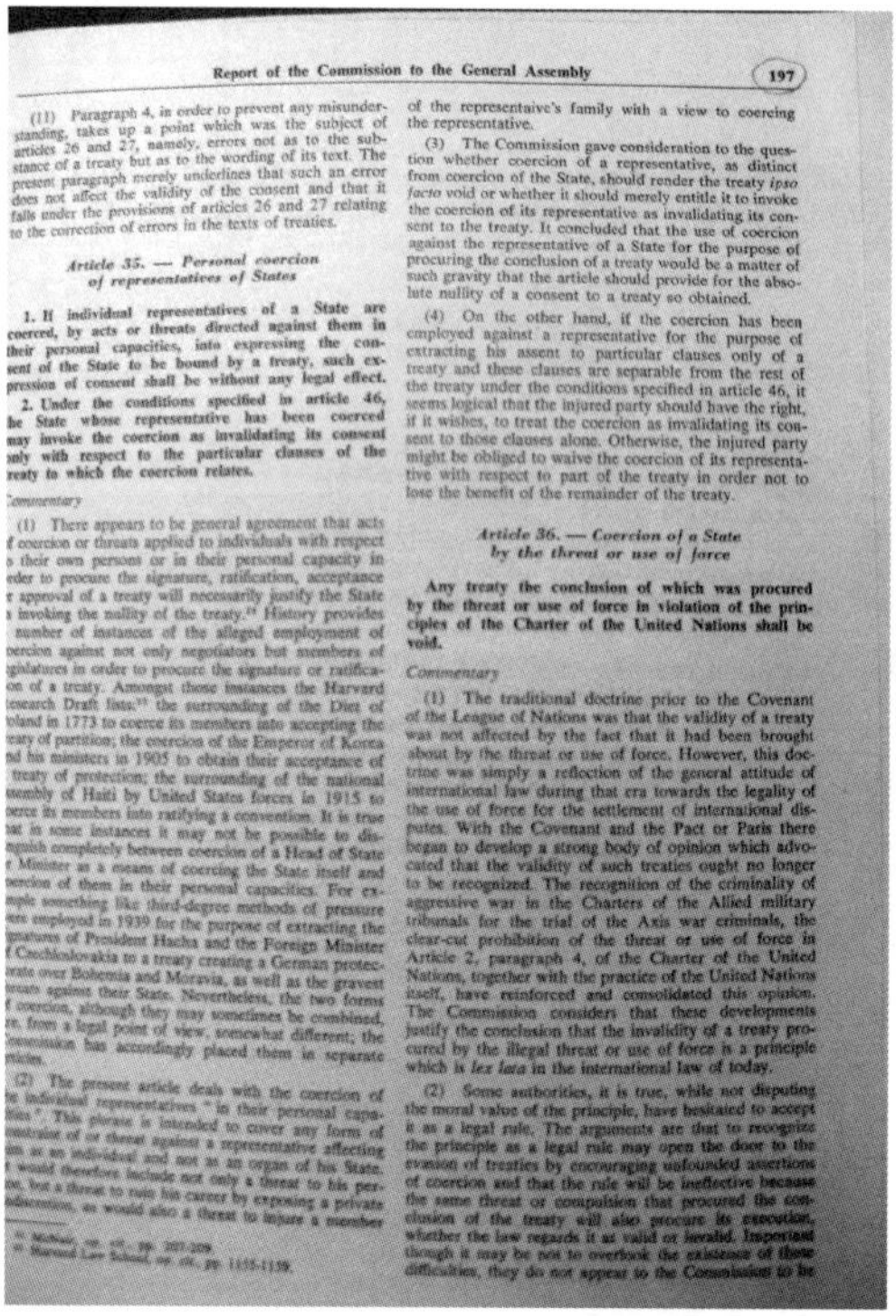
Report of the Commission to the General Assembly 197

(11) Paragraph 4, in order to prevent any misunderstanding, takes up a point which was the subject of articles 26 and 27, namely, errors not as to the substance of a treaty but as to the wording of its text. The present paragraph merely underlines that such an error does not affect the validity of the consent and that it falls under the provisions of articles 26 and 27 relating to the correction of errors in the texts of treaties.

Article 35. — Personal coercion of representatives of States

1. If individual representatives of a State are coerced, by acts or threats directed against them in their personal capacities, into expressing the consent of the State to be bound by a treaty, such expression of consent shall be without any legal effect.

2. Under the conditions specified in article 46, the State whose representative has been coerced may invoke the coercion as invalidating its consent only with respect to the particular clauses of the treaty to which the coercion relates.

Commentary

(1) There appears to be general agreement that acts of coercion or threats applied to individuals with respect to their own persons or in their personal capacity in order to procure the signature, ratification, acceptance or approval of a treaty will necessarily justify the State in invoking the nullity of the treaty. History provides a number of instances of the alleged employment of coercion against not only negotiators but members of legislatures in order to procure the signature or ratification of a treaty. Amongst those instances the Harvard Research Draft lists: the surrounding of the Diet of Poland in 1773 to coerce its members into accepting the treaty of partition; the coercion of the Emperor of Korea and his ministers in 1905 to obtain their acceptance of a treaty of protection; the surrounding of the national assembly of Haiti by United States forces in 1915 to coerce its members into ratifying a convention. It is true that in some instances it may not be possible to distinguish completely between coercion of a Head of State or Minister as a means of coercing the State itself and coercion of them in their personal capacities. For example something like third-degree methods of pressure were employed in 1939 for the purpose of extracting the signatures of President Hacha and the Foreign Minister of Czechoslovakia to a treaty creating a German protectorate over Bohemia and Moravia, as well as the gravest threats against their State. Nevertheless, the two forms of coercion, although they may sometimes be combined, are, from a legal point of view, somewhat different; the Commission has accordingly placed them in separate articles.

(2) The present article deals with the coercion of the individual representatives "in their personal capacities". This phrase is intended to cover any form of constraint of or threat against a representative affecting him as an individual and not as an organ of his State. It would therefore include not only a threat to his person, but a threat to ruin his career by exposing a private indiscretion, as would also a threat to injure a member of the representaive's family with a view to coercing the representative.

(3) The Commission gave consideration to the question whether coercion of a representative, as distinct from coercion of the State, should render the treaty *ipso facto* void or whether it should merely entitle it to invoke the coercion of its representative as invalidating its consent to the treaty. It concluded that the use of coercion against the representative of a State for the purpose of procuring the conclusion of a treaty would be a matter of such gravity that the article should provide for the absolute nullity of a consent to a treaty so obtained.

(4) On the other hand, if the coercion has been employed against a representative for the purpose of extracting his assent to particular clauses only of a treaty and these clauses are separable from the rest of the treaty under the conditions specified in article 46, it seems logical that the injured party should have the right, if it wishes, to treat the coercion as invalidating its consent to those clauses alone. Otherwise, the injured party might be obliged to waive the coercion of its representative with respect to part of the treaty in order not to lose the benefit of the remainder of the treaty.

Article 36. — Coercion of a State by the threat or use of force

Any treaty the conclusion of which was procured by the threat or use of force in violation of the principles of the Charter of the United Nations shall be void.

Commentary

(1) The traditional doctrine prior to the Covenant of the League of Nations was that the validity of a treaty was not affected by the fact that it had been brought about by the threat or use of force. However, this doctrine was simply a reflection of the general attitude of international law during that era towards the legality of the use of force for the settlement of international disputes. With the Covenant and the Pact or Paris there began to develop a strong body of opinion which advocated that the validity of such treaties ought no longer to be recognized. The recognition of the criminality of aggressive war in the Charters of the Allied military tribunals for the trial of the Axis war criminals, the clear-cut prohibition of the threat or use of force in Article 2, paragraph 4, of the Charter of the United Nations, together with the practice of the United Nations itself, have reinforced and consolidated this opinion. The Commission considers that these developments justify the conclusion that the invalidity of a treaty procured by the illegal threat or use of force is a principle which is *lex lata* in the international law of today.

(2) Some authorities, it is true, while not disputing the moral value of the principle, have hesitated to accept it as a legal rule. The arguments are that to recognize the principle as a legal rule may open the door to the evasion of treaties by encouraging unfounded assertions of coercion and that the rule will be ineffective because the same threat or compulsion that procured the conclusion of the treaty will also procure its execution, whether the law regards it as valid or invalid. Important though it may be not to overlook the existence of these difficulties, they do not appear to the Commission to be

McNair, op. cit., pp. 207-209.
Harvard Law School, op. cit., pp. 1155-1159.

〔2〕国連国際法委員会（ILC）報告書

私がこれを見つけたのは一九九二年の秋でした。この年の二月一七日に、私は国連のヒューマンライツ委員会で、「従軍慰安婦問題はセックス・スレイブ問題。アジアにはヒューマンライツ機関がないから国連が取り組み、日本と被害者の間を調停してほしい」と提起しました。それが世界的な反響を生みました。

私の発言はその前年の八月一四日に、金学順（キム・ハクスン）さんというハルモニが名乗り出たことがきっかけでした。それがその後、女性は戦時の暴力の被害者であると世界中で問題にする引き金になりました。それだけでなく、いわゆるミートゥー運動、女性に対する暴力の問題として世界的に広がりました。

これが一九九三年にウィーンであった国連の世界ヒューマンライツ会議で取り上げられまして、国際刑事裁判所というものを作ろうじゃないかという話に具体化していったんです。

そしてそれがほんとに出来ました。すごいですね。やはり女性運動の突き上げが非常に有効だったと私は思います。

私の国連の発言もそのプロセスの一つでしたが想像以上の反響で、日本政府が反論します。「従軍慰安婦に対する日本の行為が違法だったと言う根拠がどこにあるのか、法的根拠を示せ」と言うんです。

私は国連で同じ問題にぶつかったわけです。日本の法律をいくら調べても慰安婦を動員することを正当化する法令がない。公娼制度だというけど、公娼制度には内務省の法令としてちゃんと規則があるんです。ところが、従軍慰安婦にはいくら調べても法令がない。

そうすると、朝鮮から女性を動員したわけですから、法律家としては、朝鮮に対する日本の支配権の法的根拠は何だったかを調べるしかありません。それは結局、一九一〇年の日韓併合条約です。

その併合条約はどうやってできたかというと、一九〇五年のいわゆる乙巳条約（保護条約）を基礎にしているわけです。それが法的にどういう意味を持っていたかということを調べなければなりません。

▼強制による乙巳条約は絶対的無効――ＩＬＣ報告書〔日韓協約の不存在(1)〕

当時私はロンドン大学の客員研究員でしたので、ロンドン大学の図書館へ行って調べました。ここで今紹介した報告書を見つけました。国連に国際法委員会（ＩＬＣ）というものがありますが、これはその一九六三年の報告書です。

国際法委員会は国連総会の下にある独立の専門家からなる委員会で、世界的な国際法の権威者がそれまでの慣習法を整理して条約法条約というものをつくるための研究をしていたんです。

その一つとして、条約が無効になる場合とは、どのようなときかという問題があります。国家の代表が条約に署名するわけですが、代表個人を脅迫して署名させた場合は、自由意志ではないから条約は絶対的に無効だというんです。

もう一つ、国家に条約を強制した場合です。戦争などで国家に強制した場合、国連憲章に違反すれば無効です。国家と代表個人とは違います。重なる場合もあるけど法的には違う。だから個人に強制した、王様とか大臣とか全権代表に強制した条約は無効です。これは非常に大事な原則です。これまでも慣習法上そう考えられていましたが、それを学問的に整理したらこういう形になりますというわけです。

抽象的にはそうですが、具体的にどういう場合があるのか、その事例を挙げています。一七七三年にロシアがポーランドに侵攻して議員たちに強制した。今ロシアがウクライナでやっていますが、それと同じことをやりました。

その次が一九〇五年です。日本が大韓帝国の皇帝や大臣を脅迫して条約を結ばせました。これは絶対に無効だと。

その次が一九一五年のアメリカです。アメリカがハイチの議会に条約を強制した。さらに一九三九年のことで、ヒトラーがチェコスロバキアの大統領を呼び付けて、拳銃を突きつけたという話です。脅迫して領土を割譲させた条約です。これだけしかないというわけではなくて、このような場合は絶対的に無効だということです。

無効といっても後で有効にしましょうということもあるでしょう。それを法的には「追完」と言い、法的行為として許す場合もあるんですが、これらの場合は追完を許さないと報告書は書いています。これはイギリスの国際法の権威者のウォルドックという学者が特別報告者として原案を書きました。それを国連総会に出して、総会はこれを歓迎したという事なんです。

これを見つけた時は本当にびっくりしました。それで直ちに周辺事実を調べて論文を書きました。それをファックスで日本に送って、参議院議員で社会党の本岡昭次先生のご意見を伺ったわけです。そうしたら事務所から連絡がきて、「これを今発表したら、おそらく殺される。思いとどまった方がいいです」ということでした。日本では、この話を「誰も知らない」と言うんです。韓国政府も知らなかった。北朝鮮政府も知らなかったんです。

でもこの文章は本として刊行されたのです。国連総会にも出ていますから、日本政府はもちろん知っていたと思います。だけど黙っている。「じゃあどうしようか」、ということになったんです。私がこれを学術論文として発表したのは、統監府設置一〇〇年記念（二〇〇六年）の時の龍谷大学の研究誌です。それが最初の学術論文です。

それまで私はこれを学術論文として発表する勇気がなかったんです。パンフレットにして本岡事務所が発行したものがありますが、それをもとに本岡昭次先生に国会質問していただいた。労働組合の集会などで、お話をさせていただいたこともありました。だけど遅らせました。最初は国連のヒューマンライツ委員会にＮＧＯ（ＩＦＯＲ）の名前で英文の文書を出して、それを毎日新聞に報道していただいた。

それで、この事実は広く知られるようになりました。ジャパンタイムスも報道してくれました。国連の場で文書を出して、韓国政府も、北朝鮮政府も、日本政府も手に入れられるようにしたんです。私の名前はどこにもない。工夫をしながら恐る恐る一六年して『龍谷法学』に先ほど述べた論文を出しました。非常に情けない話ですが、「日本には言論の自由がないんだ」と痛感しました。じわじわ研究を進めて、ここまで来るのに二六年の時間がかかりました。今はあちこちで講演させていただいても大丈夫になりました。

＊安重根の裁判と日韓協約（乙巳条約）

この研究の途中でこういうことが起きました。二〇〇八年一二月にソウルの旧安重根義士紀念館に行った時のことです。今は新しくなって国立になりましたが、これは財団法人が作った旧紀念館の方です。ここで「伊藤博文罪悪十五箇条」を見つけて写真に撮りました。

なぜここに行ったかというと、実は龍谷大学には安重根の遺墨があるんです。深草図書館の保管庫の中に入っていたのを見つけて、何人かの教員と研究を始めたんです。紀念館はそのことをご存知か伺ってみたかったんです。

金ホイル館長は「見に行きました」と言うんです。龍谷大学の図書館に遺墨があり、特別に注文して見せてもらったということでした。それで、「併合一〇〇年」「安重根義士の義挙一〇〇年」の年に「ソウルで大々的に行事をやりたいので、その遺墨を貸してほしい」ということでした。しかし、私の一存では「貸します」とは言えません。それで、「館長さんが大学に来て講演してください」とお願いすると、「行きましょう」ということになりました。

そして、館長さんから「安重根義士の裁判は違法だったと思うから、その研究をしてください」と依頼されたのです。私も「それなら判決をください」とお願いしました。判決の速記録があるんです。当時、裁判を全部傍聴して、日本語で速記録を作っていたんです。『満州日日新聞社』刊行ですが、それをコピーしてくださったものですから、早速研究を始めました。これはとても役に立つものでした。

「……日韓協約第一条の趣旨は日本政府が其臣民に対して有する公権作用の下に均しく韓国臣民をも保護するに在るものと解釈すべきに依り公権作用の一部に属する刑事法の適用に當り韓国臣民を以て帝国臣民と同等の地位に置き其犯罪に帝国刑法を適用処断するは最も条約の本旨に協ひたるもの」

〔3〕安重根裁判判決
1910年2月14日
関東府地方法院（旅順）

一九一〇年二月一四日に旅順の地方法院で裁判が行われました。裁判所の判決〔3〕はこう書いています。

日韓協約の第一条に、韓国の外交は日本の外務省が行う、それから外国に

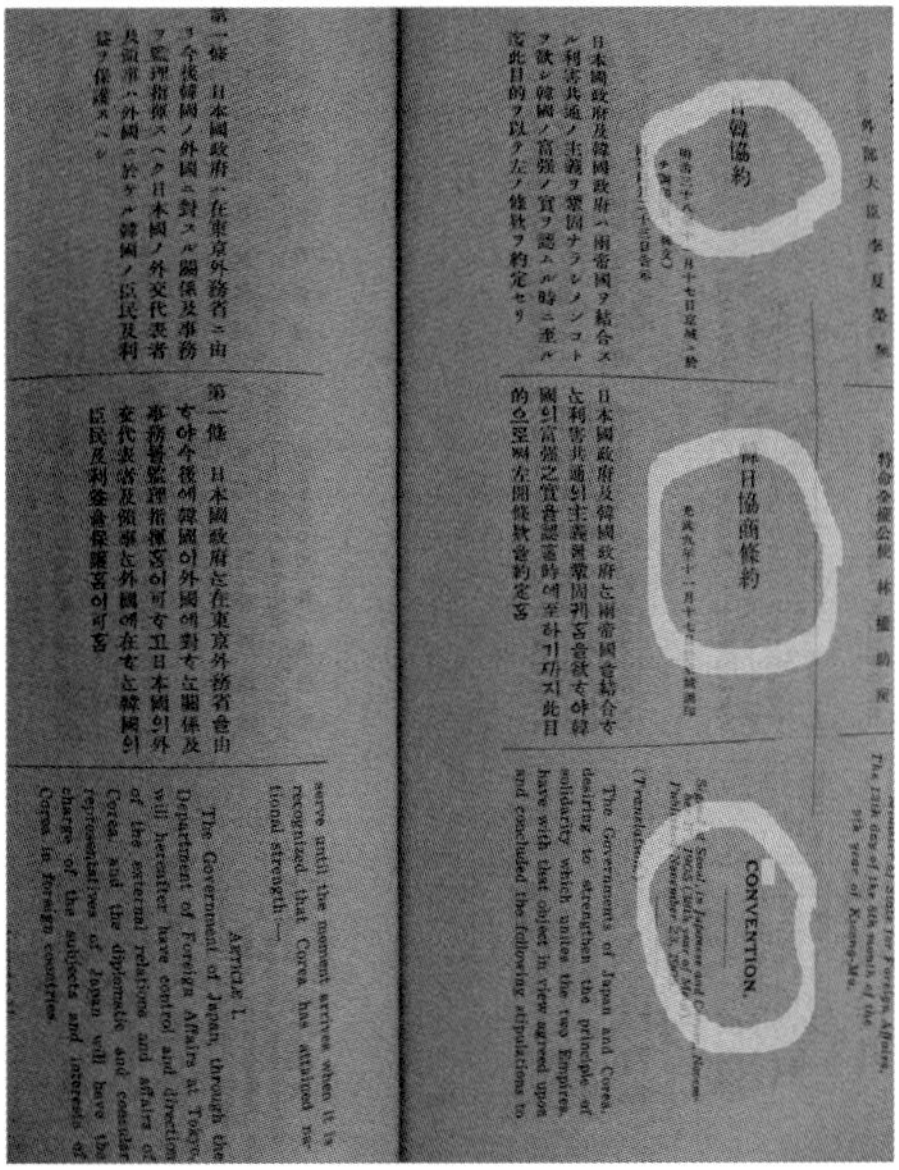
日韓協約

日本國政府及韓國政府ハ兩帝國ヲ結合スル利害共通ノ主義ヲ鞏固ナラシメンコトヲ欲シ韓國ノ富強ノ實ヲ認ムル時ニ至ル迄此目的ヲ以テ左ノ條款ヲ約定セリ

第一條　日本國政府ハ在東京外務省ニ由リ今後韓國ノ外國ニ對スル關係及事務ヲ監理指揮スヘク日本國ノ外交代表者及領事ハ外國ニ於ケル韓國ノ臣民及利益ヲ保護スヘシ

韓日協商條約

CONVENTION.

The Governments of Japan and Corea, desiring to strengthen the principle of solidarity which unites the two Empires, have with that object in view agreed upon and concluded the following stipulations:

serve until the moment arrives when it is recognized that Corea has attained national strength —

ARTICLE I.

The Government of Japan, through the Department of Foreign Affairs at Tokyo, will hereafter have control and direction of the external relations and affairs of Corea, and the diplomatic and consular representatives of Japan will have the charge of the subjects and interests of Corea in foreign countries.

〔4〕海野福寿氏著書資料の原典
日本語版、韓国版、英語版（署名がない）

いる韓国人については日本の領事が保護する、在外の大韓帝国の国民についてはすべて日本の領事が権限を持つ、だから刑事裁判の権限も持っていると言い出したわけです。そして日本の刑法を使うことができる。細かい話になりますので省略しますが、普通はそうではないんです。要は、裁判はこの日韓協約に基づいているというのです。

では学問上、日韓協約とは何かということです。これは海野福寿先生という韓国併合条約についての専門家が本を出しておられます。韓国併合に至る経緯を見ると、一九〇四年の日韓議定書から一九一〇年の韓国併合に関する条約まで、条約が五本あります。判決にある日韓協約はそのうちの三本目の、一九〇五年の条約で、韓国語のタイトルは韓日協商条約です。これが乙巳条約、韓国保護条約とも呼ばれる条約です。

写真〔4〕は、海野氏の著書のそのところですが、タイトルにマルをしました。裁判所が挙げたのが、この第一条です。その後半に、

「日本國ノ外交代表者及領事ハ外國ニ於ケル韓國ノ臣民及利益ヲ保護スヘシ」

とあります。これで裁判権があると、裁判所が言っているんです。

だけど国連によれば、この条約は絶対的無効です。裁判権とは裁判管轄権のことです。裁判管轄権がなければ法的には模擬裁判と同じです。違法な裁判で死刑判決を言い渡したら、それは殺人です。

ですからこの条約が有効か無効かというのは、安重根義士の裁判にとって決定的に重要な問題なのです。

私はもちろんこれを見て、「これはもう当然無効だ」と思いました。無効な条約を根拠にしているのだから当然無効だと。他にも理由はあります。しかし、これが一番重要だと思います。

▼原本なし、条約の存在証明できず 〔日韓協約の不存在(2)〕

ところが日本の学者はそれでは納得しないんです。

海野先生の本に載っている日韓協約の出処は何かというと外務省が出している条約集です。一九三六年に出した条約集ですけど、ソウルに行くと一九〇八年に出した条約集もある。海野先

〔5〕1905年11月17日の条約の韓国版レプリカ（上）とハーグの李儁平和博物館（右）

生はこういう条約があることは当然のこととして、自分の本まで出版して主張しておられた。

ところが、その次は、李儁（イ・ジュン）、ハーグ密使事件の三人のうちの一人で、ハーグで亡くなった方ですが、亡くなった場所が記念館になっています。そこに、この条約の韓国語版のレプリカがありました〔5〕。この一番右が一行空いています。何も書いてない。外務省の条約集では、「韓日協商条約」と書いてありました。ここにはそれがない。この原本は韓国にあって、韓国史の先生が写真を見せてくれました。私はそれを見て、「おかしいですね」と言っていたんです。だけど、「おかしい」と言うだけで何もしませんでした。

日韓協約は無効だと国連の報告書にあるというだけでは、

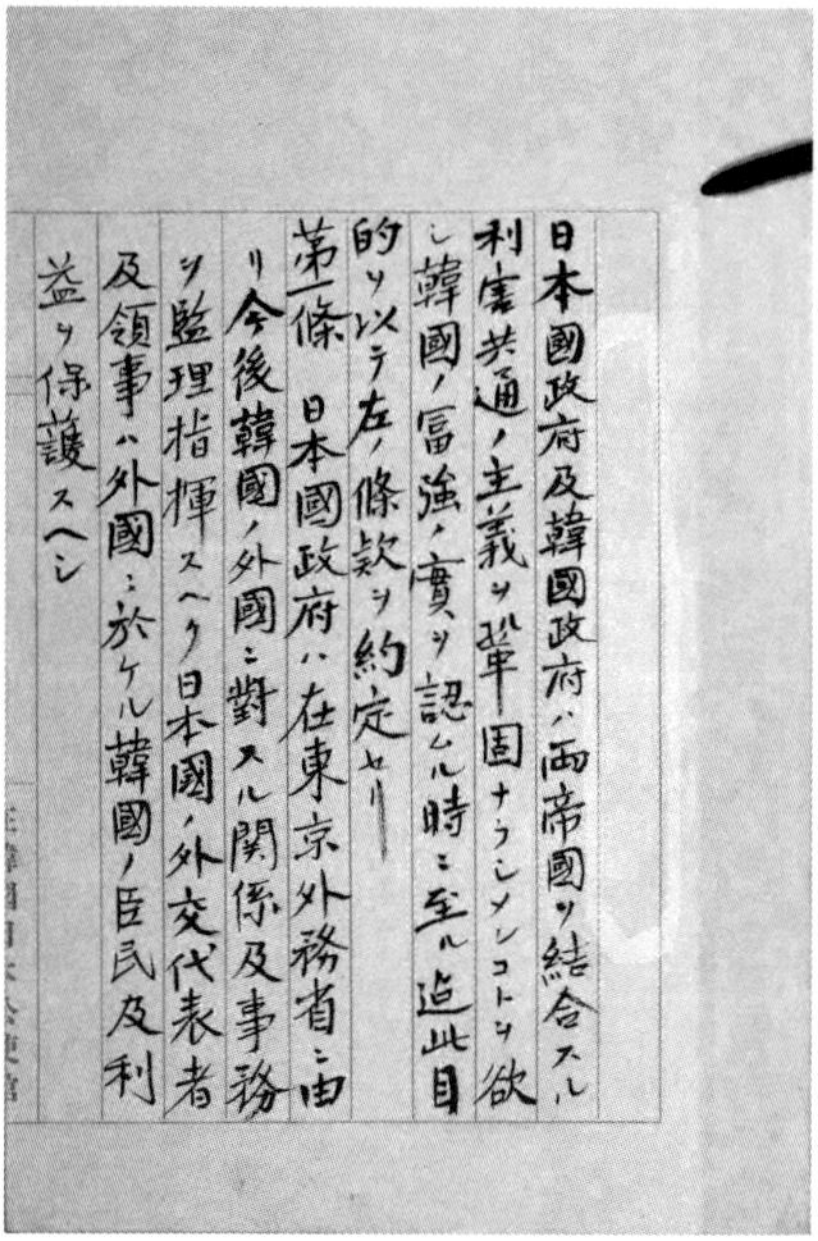
日本國政府及韓國政府ハ両帝國ヲ結合スル
利害共通ノ主義ヲ鞏固ナラシメンコトヲ欲
シ韓國ノ富強ノ實ヲ認ムル時ニ至ル迄此目
的ヲ以テ左ノ條款ヲ約定セリ
第一條　日本國政府ハ在東京外務省ニ由
リ今後韓國ノ外國ニ對スル關係及事務
ヲ監理指揮スヘク日本國ノ外交代表者
及領事ハ外國ニ於ケル韓國ノ臣民及利
益ヲ保護スヘシ

〔6〕条約の日本語原本。原本にはタイトルがない（外務省外交資料館所蔵）

李泰鎮（イ・テジン）先生は納得してくれません。歴史家ですから、「あなたの研究は不十分だ」と言うわけです。「じゃあ、日本語の方は私が見に行きましょう」ということで、外務省の外交史料館に行ったんです。これが日本の方にある原本です〔6〕。

　ここで一番大事なのは右です。ここに一行空いている。そうすると、外務省の条約集にある条約が、実際に存在するんだという証明を、日本政府はできないということになってしまいます。

　別にタイトルがない条約だってかまいません。だけどタイトルはあるとされてきました。「それを証明してください」と言ったら無いんです。判決そのものが、条約集を見て日韓協約と書いているじゃないですか。これがあるものとして判決したわけです。だけどその存在を証明することができないんです。

　一九〇五年一一月一七日付の日韓協約によって、安重根義士は死刑になった。「その条約の存在を証明してください」と言ったらこれ（タイトルがないもの）が出てくる。これでは証明にはならないんです。だから私は「この日韓協約というものは存在しない」と主張するようになったんです。

写真の一番右側は徳寿宮〔7〕です。ソウル市庁の目の前ですから、行ったことがある方もいるかと思いますが、真ん中の写真は重明殿《チョンミョンジョン》〔8〕です。

これを私は知りませんでした。二〇〇九年に、国際会議に呼ばれまして、その時に韓国史のリーダーである李泰鎮先生に連れられて会議出席者が見学に行きました。

ここで閣僚が日本軍に取り囲まれ脅迫されて、大韓帝国側は朴斉純（パク・ジェスン）外部大臣が署名して、日本の方は全権公使の林権助が署名しています。

それが先ほどの名前のない条約（日韓協約）です。つまり相談の段階で止まっているわけです。完成していないんです。

〔7〕徳寿宮

〔8〕重明殿

〔9〕安重根義軍参謀中将

〔10〕玉璽（左）と高宗皇帝（右）

ドサクサの調印でした。一一月一七日付となっていますが、実際は一八日の未明まで交渉が続いたと言われています。だけど、伊藤博文が「さあ認めろ」と強制して、総理大臣が卒倒したというんですから交渉ではないですね。

それで、重明殿を公開するときに、安重根の写真〔前頁9〕も展示されました。それから高宗（コ・ジョン）皇帝ですね。高宗がこの時に玉璽を押していれば、それは脅迫ではありますけれど一応相当の重みを持つわけですが、押してないんです。玉璽もここに陳列されていました〔10〕。

安重根義士は軍人ではありません。義軍です。義軍で参謀中将だったんです。義軍として戦いました。だから自衛の戦争です。

安重根は、「自分は軍人として戦ったのだから、通常の犯罪ではない。捕虜としての資格を認めてほしい。戦争犯罪があるかどうか審理してもらいたい」と言っています。

軍隊が人を殺せば、全部殺人ではないかと思いますが、実は戦争の時に軍人を殺せばこれは殺人ではありません。国際人道法違反、人道に対する罪というような場合でないと処罰ができない。ジェノサイドと言いますが、こういうものでないと処罰できない。それは通常の刑法で処罰するわけではないんです。戦争犯罪として国際法上違反があれば処罰するのです。

そういうふうに、安重根は主張しましたが、日本の裁判所はそれを無視しました。無視して一切審理しなかった。そこのところも問題です。

＊日本側の公式見解と高宗親書

後に社会党の委員長になった石橋政嗣衆議院議員による、併合条約についての国会の審議があります。この方が追及したのは一九〇五年の条約についてです。主題は一九一〇年の韓国併合なので、ごちゃごちゃでしたが、佐藤首相（当時）もおかまいなしに、「対等の立場で、自由意志で、この条約が締結された。かように思っております」と答えておしまいです。その後で石橋議員は、一九〇五年の条約は強制したのだと話していますが、反論もない。

要は佐藤首相が答えた、「対等の立場で、自由意志で、この併合条約が結ばれた」というのが、いまだに日本政府の立場です。

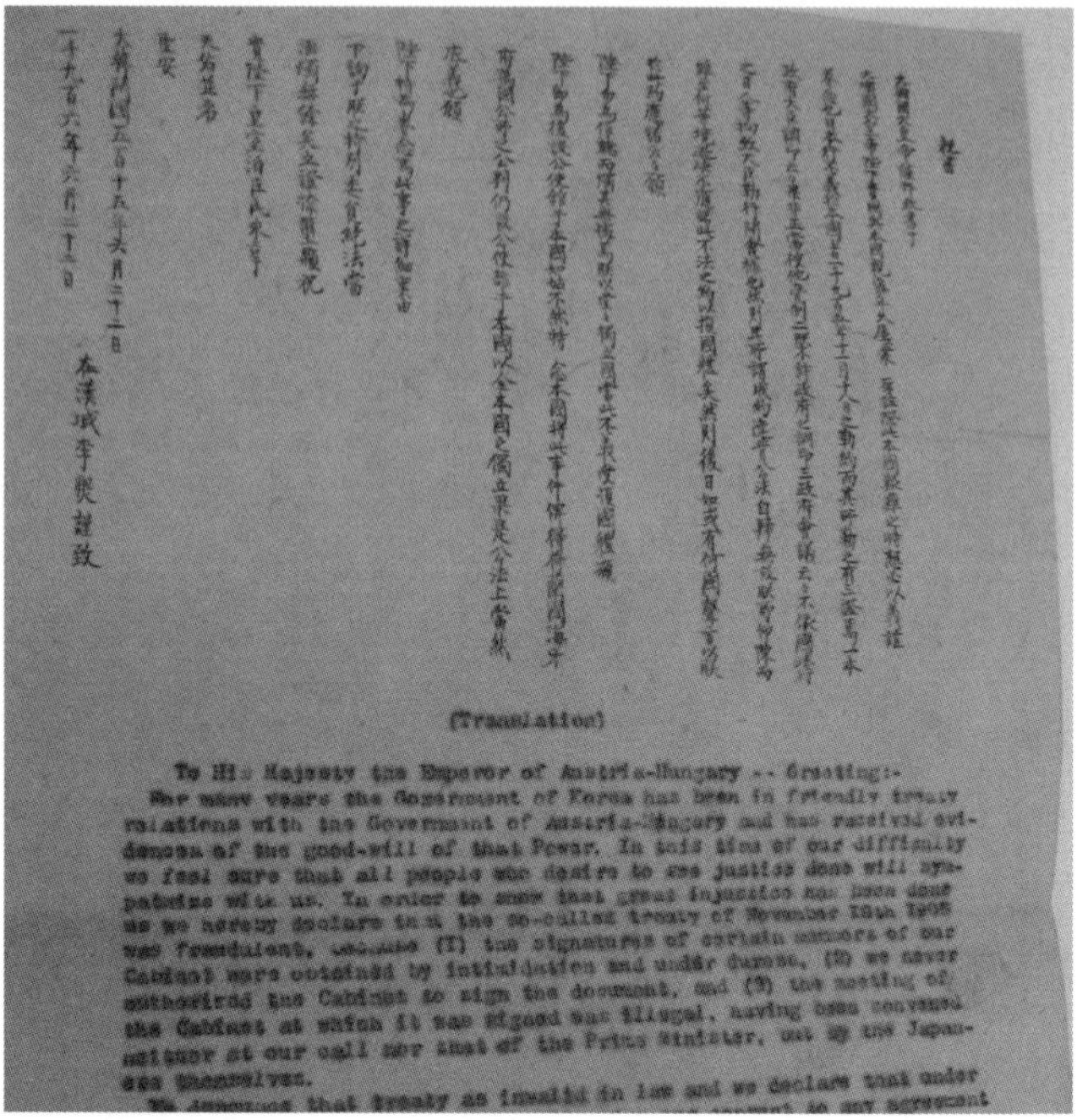

〔11〕高宗親書。オーストリア・ハンガリー帝国皇帝に向けた1906年6月22日付親書は、1905年11月17日条約を承認しておらず、大韓帝国は外交権を失っていないと訴えた

だけれども、これはコロンビア大学にある資料で、オーストリア＝ハンガリー帝国の皇帝に向けて高宗が出した親書です〔11〕。オーストリア＝ハンガリーだけでなくて列強に全部出しました。でも全部届いてないんです。ハルベルトと言う人に頼んだけれど、届かないでコロンビア大学にあります。高宗は「私は合意した覚えはない。これは無効だ」とずっと言い続けていたんです。外交権が認められていないから、ハーグに代表を送りますと言っていますが、それは全部無視されました。

韓国の学者が一番強く言うことですが、当時の韓国の憲法では、条約は全権が署名しても皇帝が批准してもう一回判を押さないと有効にならないということです。特に国際法の白忠鉉（ペク・チュンヒョン）先生は、併合に至る五箇の条約は全部主権侵害である、これらは批准が必要であって、外務大臣が署名しただけでは国際条約として成立しない、と言います。これは当時の国際法の常識なんです。

ところが、日本の学者は次のように言います。海野先生が先ほどの本の中で、「保護条約というのは第二種形式の国家間条約で、批准がなくても成立する条約だ」と書いています。その根拠は、外務省の条約局が出している「各国ニ於ケル条約及国際約束ノ締結ニ関スル制度」という調査報告書です。一九三六年のものです。

それで、韓国の方達とどうしても意見が一致しない。「どうしたらいいか」と悩んでいましたが、つい最近これを見つけました。

▼インターテンポラル・ロー、時際法　〔日韓協約の不存在(3)〕

これは『オッペンハイム』という非常に権威のある国際法の本ですが、条約についてはそれが成立した時の国際法の一般規則で判断しなければいけないと言っています。

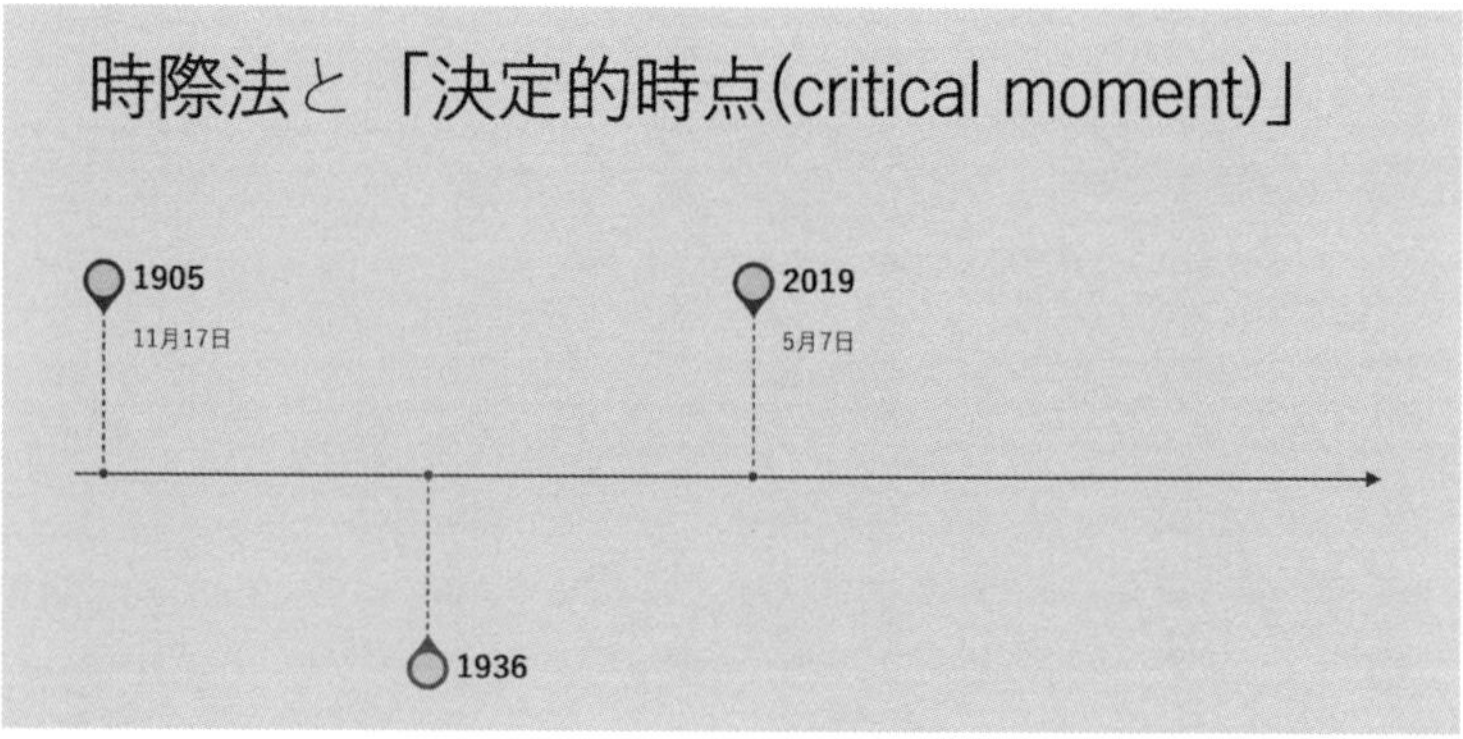

〔12〕時際法とクリティカル・モメント（決定的時点）

それから、同じことを別の観点から国際法の藤田久一教授という東大の先生が言っておられます。インターテンポラル・ロー（inter-temporal law）、時際法という。この「際」というのは時と時の間のことです。時が国になると国と国の間で国際法です。時際法は時と時の間の関係の法律です。

それで図〔12〕を見ていただくと分かりますが、一九〇五年の一一月一七日、これが決定的な瞬間なんです。日韓協約は、このときの国際法でなければダメなんです。

ところが海野先生が言うのは、一九三六年の資料です。一九三六年の時点のしかも日本政府の調査です。いくらこのときの資料を挙げても、時際法の原則から見ればこれではダメなんです。

もちろん、現在の国際法で見てもダメです。一九〇五年の一一月一七日、これが決定的瞬間ですからこの時の国際法でないとダメです。

〔13〕『国際公法』
Authored by William Hall and translated by Tachi Sakutaro, Public International Law by Mr.Hall (translation of 4th edition of the original work) published by Tokyo Institute of Legal Studies, distributed by Yuhikaku Shobo, 32nd year of Meiji (1899), p. 433 (in Japanese translation)

ではその時の国際法はどうだったのかということになります。それで私が見つけたのは、一九〇五年当時、日本で一番権威のあった国際法の本です。著者はウイリアム・ホールというイギリスの先生です。写真〔13〕の真ん中が原書です。一八九九年に出版されました。日本語に翻訳するのでは間に合わないので、リプリントを日本で出版しました。それぐらい当時、日本で必要とされたんです。みんな英語で読みました。

そしてこの右側の国際公法はその翻訳です。これは後に東大教授となる立作太郎（たちさくたろう）さんが翻訳しました。大変立派な翻訳です。

「條約ヲ有効ナラシメルタメニハ国家ノ最高ナル條約締結権限ヲ有スル機関ニヨリ・・批准セラレルルコトヲ要ス」

このように書かれていますが、これが一般原則です。最高の条約締結権限を持っているというと韓国では高宗皇帝ですね。

ところが日本の坂元先生や海野先生は、「いや、この条約の中には批准が必要であるとは書いてないじゃないか」と言うんです。条約の中には批准が必要だと書いてある条約もあります。「この条約については批准が必要だとは書いてない。だから批准は要らない」と言う。

だけれども、当時の国際法はどうか。ホールさんの英語、立さんの翻訳です。

「全権代表ニ依リ締結セラレタル條約ハ反對ノ特約ナキ場合ニ於イテハ通常明示ノ批准ヲ必要トス」

何のことだか分からなくなってしまうかもしれませんが、「全権代表によって締結された条約は通常批准が必要だ」と読めばいいんです。「反対ノ特約ナキ場合に於イテハ」というのは、「批准がいらないと特別に書いてなければ」という意味です。

ですから、何も書いてない場合は批准が必要です。当時世界の国際法の最高権威の方は、日本でも最高権威でした。批准は必要だったんです。

批准は要らないというのは、みんな一九〇五年以降の資料を挙げてそう言います。一九〇五年時点の資料によれば批准は必要。それを日本の最高権威の人たちも皆認めていたんです。その点私は疑いがないというふうに思います。

このように見てくると、私は条約の「不存在」という判断が、一番説得力があると思います。

要するに条約として完成していない。草案です。日本政府が保存しているのは原案なのです。英語ではドラフト（draft）。ドラフトはあるけれども、完成した条約はない。未だにあったことが証明できません。

私は、タイトルがなければ条約はみんな無効だと言っているのではありません。タイトルのない条約だってよい。だけれども、タイトルの付いた条約なのに、そのタイトルが付いた原本が無いんだから、存在を証明できないわけです。

つまり判決で「日韓協約第一条」と書いたけれども、裁判所はその原本を見せられていない。「原本なんか見なくていい、ここに条約集があってそこに書いてある、外務省が嘘つくはずないじゃないか」、ということです。法廷でそういう議論は無かったわけですけれど、裁判所も条約があると信じたんです。

＊「不存在」の主張と「捏造」主張

「条約は存在しない」というのが一番はっきりするんだけど、韓国に行くと先生方が「いや、そうじゃない。捏造だ」と言うんです。

「捏造」って、例えば「あの原本にはタイトルがありませんよ」と指摘されて、それをこっそり書き加えて、「ほらあるじゃないか」といって見せたら、これは捏造です。だけど条約がないのに条約集に載せて、ここに書いてあると言う。これは騙したことになります。

韓国の方たちは、日本の悪さを言うために、捏造という行為の悪性を強調されるんです。だけどこれを言うよりは、「原本があると言いながら、証明ができない」という、その事実を言った方がわかりやすいはずです。

国際的には先ほどの国連の話が一番強いです。なぜかというと、これはウォルドック先生が今になって言い出したことではないんです。

実は国際連盟が一九三六年にハーバード草案というものを出しました。このハーバード草案というのは、国際連盟の条約法条約の起草のプロセスを担っていたものです。その中にさっきのロシアと日本とアメリカの三つの例が書いてある。そして草案が出た後に、ナチスドイツのチェコ分割が出てきましたからそれを加えたんです。国際連盟の時代から、世界の学者が研究してそのように言われてきた。だから私はそれが非常に正しいと思っています。

だから、①国家代表個人の強制による条約は絶対無効（国連報告）、②条約の原本がない、③批准していない（時際法）、という三つの理由があります。これらはそれぞれ独立して、無効の根拠です。どれか一つだけでも充分です。だから一九〇五年一一月一七日の条約というのは、存在しないということです。

▼よって一九一〇年併合条約も無効　徴用工大法院判決について

もう一つ私が申し上げたいことがあります。一九一〇年の併合条約の無効です。一九〇五年の保護条約で統監をつくりました。初代統監が伊藤博文で、伊藤がやめると寺内正毅が統監になります。併合条約はその寺内が統監として署名しました。しかし一九〇五年の条約は法的に無効ですから、統監も無効、不存在です。不存在の人間が署名したとしても、それは無効。この点でもおかしいわけです。

当時、寺内が韓国側を指導して併合条約を結ばせました。外交権が事実上ないんですから併合条約というものは寺内が勝手にやったものであって、形だけ韓国につくらせた。そういう意味でも無効です。

併合条約について、佐藤栄作首相（当時）は、「対等の立場で、合法的に締結されたと考えております」と答弁し、これが日本政府の公式の立場です。だけれども、二〇一〇年の八月一〇日に菅直人首相（当時）談話が出されます。この菅直人首相談話でサムイル（三・一独立運動）が出てきます。「三・一でわかるように武力を背景にして韓国の人たちの意思に反して併合条約を結ばせました」と言い、謝罪しています。これはほとんど無効だと認めたと同じことなんですけれど、実際の法的根拠について菅直人首相は何も言っていないのです。

それで、徴用工問題が大問題になったのは二〇一八年一〇月三〇日の大法院判決です。徴用工問題はヒューマンライツの問題ですが、この大法院判決はサムイルと韓国憲法を根拠にして、韓国が独立しているんだからその「植民支配は不法」だったと言っています。

日本政府の立場は、一九六五年の日韓請求権協定で徴用工問題は終わっているというものです。確かに賃金の問題は終わったと書いてある。だけど不法な植民地支配のもとで被害を受けたのだから、植民地支配の問題は全然終わっていない。しかし、日韓基本条約の中ではですね、旧条約問題について「すでに無効」と玉虫色の表現がされました。韓国は、はじめから無効と言い、日本は、韓国が独立して不要になったから無効になったと、双方が矛盾する解釈をとる余地を残しています。

安倍さんが物凄い勢いで「韓国はゴールポストを動かした」と言って韓国を責めました。韓国側が加害者であり、日本は被害者だというのです。六五年の条約で決まったことを韓国が覆したと言いたいわけです。

しかし、韓国の大法院判決が言ったことは、それよりももっと前の植民地支配のことです。でも、これは韓国憲法の解釈であって、私は不十分だと思うんです。日本と韓国の国際関係ですから、国際法上不法かどうかが問題なんです。その問題については、大法院は何も言ってない。だけれども、そこは日韓できちんと研究して、国際法上不法だったかどうかということを明らかにしなければいけないと私は思います。

それをはっきりさせようとしてこの本（『日韓関係の危機をどう乗り越えるか？』）の第三章で、日本の植民地支配は国際法上どうだったのかを問題にしました。私の検討結果によれば、韓国の植民地支配は当時の国際法に従っても不法でした。したがって、大法院の言うことと一致すると思います。

要は、日本が加害者なのです。一九〇五年、一九一〇年をとれば、その下で不法な植民地支配が行われ、強制労働をさせられました。日本側は、「日本の国内法に基づいて徴用を行い、日本人も徴用されたのだから平等であり、違法ではありません」と言うけれど、それは国際法上間違っていると、私は思います。

そうなると、加害者被害者の立場が逆転します。安倍さんのように韓国側が加害者だというのは非常におかしいんです。大法院は、植民地の不法性まで遡って考えているわけです。そこで、「加害者被害者の関係を逆転させて考え直したらどうですか」とこの本で書きました。

＊歴史認識と和解への道　新時代の到来を願って

最後に一言だけ申し上げます。これまでの話を簡単にまとめたのがコリアネットのコラムです(https://japanese.korea.net/NewsFocus/Opinion/view?articleId=183574)。これは韓国政府のホームページです。「一九〇五年一一月一七日の日韓協約は存在しない」「だから安重根の死刑は不法」「植民地支配は不法だった」ということを書きました。非常に短いものです。

日付は、ちょうど二年前の二〇二〇年三月二六日です。ところが、これに対する抗議が一言も来ていない。この広報ページには、コラムがたくさんありますから、私の原稿にはバナーをつけてトップページから見えるようになっています。アクセスはものすごく多いそうです。だけど一言も抗議が来ない。無視です。これは韓国政府が上げているのだから、私が個人で言っているわけではない。それにもかかわらず、日本政府は反論していないのです。歴史的事実として間違いないから文句が言えないのだと思っています。

もっと詳しい国際法上の研究は、『歴史認識と日韓和解への道』という本を合わせて、日本評論社から出版しましたのでご覧ください。

韓国では尹錫悦（ユン・ソンヨル）大統領が決まりました。

菅直人首相談話は、徴用工問題が激烈になった直後に安倍首相が首相官邸のホームページから黙って削除されました。私はたまたまそれを見つけて論文にし、その中で「忘却の時代が来た」と書きました。ところが岸田首相になったら黙ってまた復活したんです。岸田さんは歴史を抹消していくことはやめたんです。だから安倍さんとはちょっと違うと思います。

私は新しい大統領と新しい首相が話し合って、日本側が植民地支配責任を認めて謝罪をすれば、「いいことばかり」だと本に書きました。決して莫大なお金をとられて大変だということではないんです。新しい時代が来るかなということで、今日の話を終わらせていただきます。

（司会）戸塚先生、ありがとうございました。

（日韓記者・市民セミナー　第二八回　二〇二二年三月二六日）

第Ⅲ講　歴史事実に介入する政府と「つくる会」

鈴木　敏夫——子どもと教科書全国ネット21　事務局長

私は都立高校で日本史を教えてきました。三年半前から教科書ネットの事務局長を務めています。

「つくる会」（新しい歴史教科書をつくる会）の動向として大きいのは、昨年彼らが作成し不合格だった自由社の歴史教科書が、今年再度出されて合格し、採択の対象となったことです。

▼低迷する「つくる会」系教科書

しかし、自由社の歴史的分野の採択は今年、わずか四三五冊でした。これが需要数で、総数からするとその占有率は〇・〇％にもなりません。

自由社は二〇二〇年に三六八冊でしたから、今回わずかに増えていますが、育鵬社は減らしています。去年一万二五三三冊でしたが今回一万一四八六冊で、生徒数の減少を考慮しても減っていますので、「つくる会」系の教科書は依然として減っています。

自由社の公民の方は二百数十冊です。私立の中学校でわずか二校が採用しているだけで、教科書としてはもう惨憺たる状況にあります。

彼らは、不合格は不当だと騒いでいて、賠償請求を出すと言っていますが、実際にかなり杜撰

中学校教科書　社会（歴史的分野）								
2020（令和２年度）使用			2021（令和３年度）使用			2022（令和４年度）使用		
発行者	需要数	占有率	発行者	需要数	占有率	発行者	需要数	占有率
東書	578,028	50.7	東書	606,365	52.5	東書	587,262	52.5
帝国	206,114	18.1	帝国	290,663	25.2	帝国	280,910	25.1
教出	161,078	14.1	教出	131,657	11.4	教出	127,503	11.4
日文	107,165	9.4	日文	89,027	7.7	日文	85,763	7.7
育鵬社	72,482	6.4	山川	19,708	1.7	山川	19,691	1.8
清水	8,344	0.7	育鵬社	12,533	1.1	育鵬社	11,486	1.0
学び舎	5,895	0.5	学び舎	5,269	0.5	学び舎	5,068	0.5
自由社	368	0.0	自由社	不合格		自由社	435	0.0
		%			%			%
8種	1,139,474		7種	1,155,222		8種	1,118,118	

です。「てにをは」の間違いなどもあって、結局、昨年は合格しませんでした。

今も、不当だと裁判で突っ張っていますが、今回文科省から指摘されたところをかなり変えています。

例えば、中華人民共和国が一九四九年一〇月一日に成立しますが、自由社はカッコを付けて「共産党政権」と書いたんです。それは不正確だと文科省から指摘されて、何で問題なんだと突っ張っていましたが、今年は「共産党中心の政権」に変えました。これも不正確ですが、文科省も結構甘くして通しています。

例えば先の戦争のことを自由社はまだ大東亜戦争と書いています。そしてカッコして「太平洋戦争」です。兄弟分である育鵬社は太平洋戦争と書いて（大東亜戦争）としています。このように文科省と喧嘩しているようでいて、甘い検定によって合格したということです。

だいたい教科書は、十数万冊出ないとペイしないはずです。わずか二〇〇冊とか四〇〇冊しか出ない教科書を、発行し続ける理由は、日本政府が公認した正規の教科書であり続けることに大きな意義があると彼らは考えているからです。つまり、検定という形で政府がオーソライズする教科書は、国家としてのある種の公的見解に近いものになると言っています。政府が認めた見解だと宣伝したいということです。

今回、新たに自由社が合格したので、文科省は通知を出しました。その通知の中で、採択を変えてもいいと書いています。例えば去年、東京書籍を選んだけど自由社が合格したので、これに変えてもいいと。その際不当なことに、去年は採択しなかった教科書も、新たに採択しても構わないことにしました。つまり、自由社だけじゃなくて、育鵬社も採択して構わないということです。ただし、採択するもしないも教育委員会の判断だと書かれていました。でも教育委員会も事なかれ主義なので、結構もう一回採択の手続きをするという、ちょっと心配した事態も起きていました。

育鵬社が去年失敗したところでは、教育委員の数で一票差だったなどというところも結構あります。これ幸いと、今年は育鵬社を採択しろという動きが起こることを私たちは警戒しました。逆に言えば、私たちとしても、去年不当にも「つくる会」系が採択されたところをひっくり返すチャンスでもあるわけです。

この両方のせめぎ合いでしたが、結局、育鵬社は全然元気がない。自由社系の団体が、横浜とか神奈川県で、自由社の採択をやってくださいと動きました。

最初から、やらなくてもいいんで、やらなくていいと決めた藤沢市とかあるんですね。そういうところに対して再採択してくださいというふうなことはやったんですけど、全体としては大きなムーブメントにはなりませんでした。

結果的に、育鵬社に採択替えしたところはなくて、先ほど話したとおり逆に減っています。自由社は若干増えていますが、そもそも冊数が採択全体の〇・〇何％という、数にもならないので、結果的には杞憂に終わりました。

それで安藤慶太という『正論』（産経新聞社）の編集委員がこの育鵬社に噛みついたんです。不合格にされたのは不当な決定だと言うけど、こんなの不当じゃない、お前らが馬鹿だと言っています。これは近親憎悪というか、彼らの劣化も実に激しいというところです。

▼一片の政府見解で不当に変更　採択最中に

今回起きた不当なことは、従軍慰安婦や強制連行の記述を、政府の圧力で教科書会社に変えさせたことです。しかもひどいことに、歴史総合という新しい科目の採択に取り掛かっている夏の時期に教科書の内容を変えさせたのです。

高校の場合は学年進行なので、古い教科書を二年生、三年生、四年生（定時制）は使います。一年生が使っていて、来年二、三、四年生が使う教科書も用語を変えるということが起きました。四年に一度の検定も不当なこともありますが、検定で合格した教科書を一片の政府見解の変更で全部変えさせるということが起きたわけです。これは前代未聞です。

山川出版社は、従軍慰安婦についての説明で「従軍慰安婦」という言葉を削除しました。説明だけは残っています。そしたら「つくる会」が声明（＊）を出して、差し替えの紙を配れと言い出しました。「従軍慰安婦」はダメだとしても「慰安婦」は良いとしたら、これも問題だと彼らは言いました。

でも藤岡信勝氏は慰安婦がいたことを認めています。ただ、教科書であえて書くような問題ではないという立場です。軍隊がいた所ならそういうことはどこでもあったし、強制的に連れて行かれたとか、無理やり慰安婦にさせられたということではないと主張しています。あれは商売、いわゆる公娼に過ぎないから、教科書で書くのはけしからんというのが彼らの見解です。だから、中学校の教科書については、慰安婦は書く必要がないというんですね。櫻井よしこ氏は、従軍慰安婦という記述を消しただけじゃダメだと主張します。慰安婦を残したら、教科書会社が慰安婦を堂々と書けるじゃないかというような反撃です。そして、そういうものを書く根底には河野談話があるという。河野談話をなくさない限りダメだと言っています。これが彼らの究極の目標です。

＊「つくる会」の声明（抜粋）と、東京弁護士会による「教科書の記述に対する政府の介入に抗議する会長声明」を末尾に掲載。

▼日本維新の会が変更を後押し

今回のことは、教科書検定で変更を迫るのではなく、政治権力が直接変更させたのであって、これはまったく新たな事態です。ここに、日本維新の会が大きく噛んできました。

これまでも中学校の教科書は問題にされてきました。学び舎に続いて山川出版社が従軍慰安婦を書きました。それが今回槍玉に上がって、山川出版社はこれを削除させられました。さらに今度は、高校の教科書全部に網がかかったということです。

しかも検定ではなくて政府見解で変更を迫ってきました。それに、維新の会が参入したというのが全体の特徴です。

維新の会の馬場幹事長、今は共同代表ですかね。衆議院の代表質問で、「これは歴史戦だ」と発言しました。韓国などとの歴史戦における政治的策謀だということをはっきり言っています。従軍慰安婦の用語がある限り、韓国との関係では問題になる。それに勝利する歴史戦の一部だと言っています。

この問題のそもそものきっかけは、二〇二〇年一二月一八日に「つくる会」が、検定を通過した山川出版社の中学校の歴史教科書に文句をつけたことです。

山川出版社は、従軍慰安婦の記述を側注でこう書きました。

「戦地に設けられた慰安施設には、朝鮮、中国、フィリピンなどから女性が集められた。いわゆる従軍慰安婦」――これが問題だというわけです。何が問題かというと、「強制的なものではない」「従軍慰安婦の用語は、当時使われてない」「従軍を付けると、あたかも軍の一部であると思われる」というようなことを挙げています。それでふさわしくないというわけです。

そして削除させる根拠として、検定規則に則り、「政府見解」にあるものについては、その通りに書かなければならず、これに違反しているという言い方でした。

▼安倍首相の答弁書と三つの検定基準

この「政府見解」とは安倍首相（当時）が出した見解のことで、辻本清美議員（立憲民主党）の質問に対する、「強制的に連行されたという証拠は政府の文書の中に発見されませんでした」という答弁書（二〇〇七年三月）のことです。

そして二〇一四年に、検定基準の中に次の三つを入れたんです。

一つ目はことさら事態を大きく書かない。

二つ目はきちんとした数字がない場合はそのことを書く。

だから、南京虐殺と関東大震災の犠牲数は、今までは学界の通説をそのまま書いていましたが、「いろんな意見がある」「確定的な数字はない」と書かなければいけないとしたんです。

三つ目が政府見解や最高裁の判決があった場合、それに基づいて書く。

だから、政府が領土問題について見解を出して書くことになり、今回の従軍慰安婦や強制連行を不適切だとすれば、それに基づいて書けというのが次の攻撃になりました。

この時の安倍内閣のずさんな見解では、萩生田文科大臣（当時）も応じられなかったけど、これがやがて日の目を見てくるということです。

そしてこの検定基準をつくったのは萩生田・下村のコンビです。安倍さんから「教育基本法を変えたのに教科書はまだ変わってない。検定官は何をしてるんだ」と言われて、萩生田さんたち自民党部会が、教科書検定などについての中間まとめを出したんです。

それを引き取ったのが文科大臣だった下村博文氏で、教科書改革実行プランを作成し、それに基づいて、さっきのような検定基準を三つ付け加えたんです。

▼政府見解による書き換え　萩生田大臣の策謀

この萩生田さんが次に登場したのが、去年（二〇二一）三月二二日の新たな政府見解でのやり取りです。

先ほど話したように、安倍さんの見解では、記述を変えるまでにはいきません。「つくる会」

が要求した内容は通らなかったし、萩生田さんもさすがそれでＯＫとは言えなかった。

三月二二日、自民党の有村治子議員が直截に提案しました。「慰安婦問題は韓国との政治問題である」「従軍慰安婦と慰安婦はどこが違うか統一見解をつくりなさい」。

萩生田さんは待ってましたとばかりに、「政府の検定基準があります」「その基準によれば新たな政府見解が出たら、適正に検定をしていくことになります」と答えます。「適正に検定していきます」というんで、私もこのときは「ああ、次の教科書検定の話かな」と思いました。

ところがこれがひっくり返るんです。まず、統一見解を出しなさいと言ったのは有村さんですが、これを当時幹事長だった馬場議員が引き取って、政府に質問趣意書を提出して答弁書を出させたんです。

答弁書は閣議決定ですから政府見解になります。

具体的に彼が追及したのは二点です。従軍慰安婦はどうか、強制連行はどうなのかと聞いたんですけど、政府の答弁書は、「従軍慰安婦の用語は当時使われていなかった。吉田清治証言を大新聞（朝日新聞）が報道したことにより、従軍慰安婦という用語を用いることは（軍により強制連行されたという）誤解を招く恐れがある。今後は単に「慰安婦」が適切であって、「いわゆる従軍慰安婦」もダメだと後で付け加えます。

従軍と慰安婦の組み合わせも政府は使ってない。不適切とは言っていないけど、日本維新の会が後で追及してダメだとなりました。

つまり、「従軍慰安婦」はダメ、「いわゆる従軍慰安婦」もダメ、「従軍」と「慰安婦」を組み合わせることもダメと、「慰安婦として従軍させられた」もダメということになります。

強制連行については、朝鮮半島の出身者については「徴用」を用いることが適切であるとしています。中国の人たちには強制連行を裁判で認めて、企業との間では謝罪もして補償もしました。だから、それについては触れられないわけです。

朝鮮半島の人たちだけは、強制連行じゃない、いろんな斡旋で来ているから、一概に強制連行と書くのはおかしいというわけです。つまり台湾や朝鮮は植民地だったので、国民徴用令が適用されるわけです。だから徴用で来たと書きなさいというわけです。

▼学術レベルから程遠い答弁書

まずけしからんのは、政府は学者でも何でもありません。それが、従軍慰安婦は不適切だと、何の根拠も無く言えるのかということです。政府が挙げた根拠は、でたらめで論破されている内容ばかりです。

従軍慰安婦は、当時使われてない用語だなどということは当たり前のことです。

僕は日本史の教師ですが、「幕藩体制」とか「藩」という用語を使います。江戸時代に藩なんて用語はないんです。これは明治になって、何と呼ぶかということで「藩」にしました。「鎖国」も今はあまり使っていません。当時も使ってはいない。

それから「いわゆる従軍慰安婦」はダメだと言うけれど、河野談話で使っています。ダメだと言いながら、「河野談話は継承する」と政府は言っている。肝心の中身をボロボロにして、継承すると言うのだから、これは詐欺に近いこと。

菅さんは安倍内閣の官房長時代に、河野談話は吉田証言を使ってないと言われて、「はい、それは承知しています」と答えています。ところが総理大臣になると、河野談話は吉田証言を使っているからけしからんと発言しました。非常にふざけた話です。

強制連行について言えば、徴用令が本格的に発動されるのは一九四四年の夏です。それ以前は、徴用令に基づくことなく、朝鮮総督府の動員計画によって連れてきました。このことは、当時の文科省の初等教育局長の辻村氏も答えていることです。

国家の動員計画のもと、自由意思ではなかったという評価は学説において一般的です。吉川弘文館の『国史大辞典』まで引き合いにして、政府自身が強制連行だと答えています。それを今になって否定するという、非常にでたらめな答弁書がだされたわけです。しかも、徴用だと言うなら、応じなければ罰則が科せられることになるので、そもそも強制動員なんです。

つまり学術レベルからすれば、この答弁書はまったく使用に耐えられないものなのです。

▼検定済みの教科書までも

ところが、これらの経過の上に、日本維新の会の藤田文武議員は「政府の見解が変わったでしょう」「教科書をどうするんですか」と指摘し、検定済みの今の教科書も、ダメだと言い出すわけです。そして文科省に答えさせるんです。

「強制連行」と「従軍慰安婦」は、中学校のどの教科書で使っているか、高校の歴史総合という、ちょうど検定が通ったばかりで採択中の教科書はどことどこの教科書が使っているか、全部答えさせました。さらに、今使っている教科書は何点あるんだと答えさせているんです。

高等学校の日本史Aで従軍慰安婦の用語については七点中三点だと答えます。強制連行等の用語については七点中七点。日本史Bでは、従軍慰安婦の用語については八点中二点、強制連行の用語については八点中六点で記載があった。これらがターゲットになっていくわけです。

そして文科省は出版社の重役、編集担当役員を対象に臨時の説明会を開きました。訂正申請のための説明をしたわけです。四年毎の検定の間に、訂正申請が行われるんです。

データが変わりますよね。それから日本史では恥ずかしい話ですけど、捏造事件で旧石器時代のインチキがばれたわけです。こういったときには変えなければいけません。それから結構誤植も多いんです。そういうときのために訂正申請というのはあるんです。

ところが今回は、閣議決定の結果を踏まえた訂正です。これが異例な事態です。

だから山川出版社は、訂正理由をわざと学校への文書の欄外に書いている。山川としては抵抗しているわけです。訂正しろと言われたので、しょうがないから変えたんだよというふうに。

▼名指しされた教科書会社の変更と抵抗

それで実際に教科書会社はどうしたのかということです。名指しされた教科書の結果について全部調べました。

山川出版社の中学歴史は、「いわゆる従軍慰安婦」という用語を削除しました。

高校歴史では、実教出版も「いわゆる従軍慰安婦」を「慰安婦」に変えました。

清水書院は変えなかったんです。「いわゆる従軍慰安婦」という用語は残して、注を入れました。「従来は、政府の談話なども含めてこのように表現されることも多かったが、実態を反映していない用語であるとの意見もある。現在、日本政府は慰安婦という語を用いることが適切であるとしている」――この注書きは、今起きていることを正確にまとめています。教科書は、後から訂正することになると、現にある教科書ですから書き込めるスペースが少ないんです。そこに目一杯書いています。

東京書籍は変えませんでした。「慰安婦として従軍させられ、多くの女性の人権が踏みにじられた」と書かれています。慰安婦と従軍の組み合わせです。これが二カ所あるけど最後まで変えていません。（発行された教科書をみると、その後変えていました）

文科省は、訂正申請を九月と一〇月の二回発表しました。その中で、面白いのは第一学習社の高等学校歴史総合です。

九月は訂正要求に知らんぷりでした。「朝鮮から多くの人々が日本の炭鉱・鉱山や軍需工場に強制連行されたり、多くの女性が慰安婦として戦場に送られたりした」との記述です。一〇月にもそのままでしたが、側注に次のように書き込みました。

「二〇二一年四月、日本政府は、戦時中に朝鮮半島から労働者が来た経緯はさまざまであり、『強制連行』とするのは不適切とする閣議決定をしたが、実質的に強制連行にあたる事例も多かったとする研究もある」。こうして抵抗したんです。

ですから二回にわたる訂正申請でほとんど削られましたが、こうやって残して書いた教科書もあるんです。

先ほどの山川出版社の場合は、「いわゆる従軍慰安婦」の用語は消しましたが、「慰安施設」の用語を使い、その用語の前にあえて「日本軍向け」と書いて抵抗しています。

また現行の教科書でも、強制連行についてかなり詳しく書いています。「強制」という言葉は使わないいけれど、「過酷な連行」「過酷な労働」に従事させられたなどと書きました。

それから中国の人たちについては、「強制連行」の記述は問題ないわけですからそこを詳しく書いて、強制連行とはひどいものだと実態を教えています。

ですから、政府の言う通りにはなっていないけど、強権的にかなり変えられました。

でもこれは、教師がうまく使えば、生徒たちにしっかり教えることもできるのです。教科書は、今年買った子が来年使います。そうすると墨塗りしなきゃいけない。ここのところはね、このように変えられたんだよって、説明してあげなきゃいけないわけです。

つまり高校の場合二年続けて使います。そしたら、「こういうふうに変わったけどどう思う」とか、あるいは「なんでこんなものが付いていているんだ」ってやればいい、そういう余地は残したということです。


韓国の聯合ニュースが、山川出版社の『歴史総合　近代から現代へ』を執筆した古川隆久日本大学教授にインタビューしています。古川教授は今回のことに対して、非常に不満であるとはっきり言っています。この人は、伊藤隆さんの弟子です。伊藤隆さんは育鵬社の教科書をつくっている責任者で、保守的な人です。その人の弟子が今回のことはけしからんと、滔々《とうとう》と答えています。

また、月刊『社会民主』に編集者が出ています。彼はもう訂正申請せざるを得ないと。教科書検定で不合格になったりしたら困る。また採択も考えれば文科省には抵抗できないと。やっぱり執筆者は非常に激怒したと。だけどまあ、なんとかしてと言ってですね、自分もそう思うけどどと言って、編集者をなだめたというふうに出ています。

▼政府による教科書介入の新段階

今回の事態は教科書介入の新段階だと思います。

これまでは、育鵬社とか自由社の教科書がいいと言って薦めたり、教育委員に圧力をかけたり、あるいは議会の決議や運動で介入してきました。今回はモロにやってきたわけです。

それと言うのも、高校の教科書は一応現場採択なのです。僕は高校の教師でしたが、形式は学校が選定して、二〇〇一年から教育委員会が最後採択します。

でも、その教育委員会もわかっていないんです。東京都の教育委員会の採択風景を見に行ったことがあります。このときは米長邦雄氏と内館牧子さんが家庭科の教科書に難色を示しました。そしたらあちこちでヒソヒソ話、都教委の事務方が「先生が見ているのは前の教科書です」ということで一件落着。では他の教科書はどうですか、学校から使う希望がありますが、ご覧なりますかと言われて、みんな黙っちゃいました。ダンボール二箱もあったんです。

ですから高校教科書の場合、現場から出てきたものについて、教育委員が良し悪しを言う余地がないんです。

つまり、中学校教科書なら教育委員会は抑え込むことができる。しかし高校ではできない。そこで直に教科書の記述を変えさせるというやり方をとったということです。しかも来年から新教育課程が始まる時になって。

高校の場合は小中と違って一斉に全部変わるわけではありません。学年進行で教科書が変わってきますが、それを待たずに、もう一気に全部消したわけで、乱暴なやり方です。

これは新たな墨塗り、検閲じゃないかと思います。検定済みの教科書を、政府が文科省の頭越しで変更したのですから。

こうなると、政府見解によっていつでも教科書の記述は変えられるってことです。

検定では一定のやりとりがあります。家永教科書裁判なんかを通じて、検定官も歴史的な事実や見解をやたらに変えることはできません。いろんな意見があると書いたりしますが、少数意見を通すことはできません。検定という場では、それなりの喧嘩ができるんです。

ところが政府見解ではそうはいきません。

その上、維新が悪乗りします。「見解が変わったけど、朝鮮半島から徴用でどのぐらい来ているのか」と質問する。

すると厚生労働省は答えられないです。今まではだいたい五〇万から七〇万だと普通に答えていましたが、言えなくなった。そしたら維新が、「待ってなさい。今度政府見解で出させるから」

と言いました。

これからは、都合が悪ければ政府見解で変えていくということが常態化します。検定制度という仕組みを超えて、何でもできるということです。

萩生田文科大臣（当時）に記者が質問しました。「閣議決定を受けて訂正申請という形が常態化するようなことがあると検定制度そのものが形骸化してしまうと市民団体が指摘しています」と言って、この批判にどう答えるかと尋ねました。

萩生田さんはのらりくらりと、当時スポーツ庁長官の室伏さんのことを持ち出して、「彼は銀メダリストだったけど、その後のドーピング検査による失格者が出て金メダリストになった。それを政府がオフィシャルコメントとして発信したのだから教科書にすぐ載せなきゃいけない」といって訂正申請するわけです。そんなレベルの話じゃないでしょう。しかも、すぐ載せなきゃいけないことでもないわけです。問題のスリ替えです。

最初は拒否していた萩生田文科大臣が、一転して政府見解を使って、この時に教科書を変更するようにしたのはなぜかということです。それは菅内閣がピンチに陥っていたからだと思います。

安倍さんは日本会議と一緒に憲法問題を取り組み、選択的夫婦別姓問題見送り、教科書も一緒にやってきた。

菅内閣もそれらを引き継いでいることを教科書問題で示す。萩生田さんはこれを使えばいいと、たぶん指南したんだと思う。

「つくる会」や日本会議などの右翼改憲勢力へウイングを広げる。結果的には、効果なかったと思いますが、そういう思惑が働いたと思います。

▼国際公約＝河野談話の空洞化

より本質的な問題は、河野談話の骨抜きがずっと続いているということです。

衆議院代表質問で馬場伸幸議員は、「このままでは、中国や韓国がしかけてくる歴史戦で、ノーガードのまま負けるだけ」だと発言しました。つまり教科書の記述を政治の道具として考えています。日本政府が歴史教育で「従軍慰安婦」「強制連行」などの言葉を一掃することが、中国、韓国に対して有利に働くと考えている。有村治子議員も政治問題だと言っています。

しかし河野談話は国際公約です。これを否定することはそう簡単じゃない。だから事実上空洞化したんです。「いわゆる従軍慰安婦」という言葉は使うなと。

維新の会や「つくる会」は、河野談話を否定しなければ慰安婦も残るということに危機感を持っています。

河野談話には「われわれはこのような歴史の真実を回避することなく、むしろこれを歴史の教訓として直視していきたい。われわれは、歴史研究、歴史教育を通じて、このような問題を永く記憶にとどめ、同じ過ちを決して繰り返さないという固い決意を改めて表明する」とあります。これを教えるのはけしからんということになってしまっている。日本の侵略・加害の事実を覆い隠し、戦争を反省する意識を子どもたちはもとより国民の中からも消し去ろうとするものです。

余談ですが、子どもと親が喧嘩した時、以前なら「先生がこう言った」というと親は黙った。でも今は「先生が間違っている」と親は言います。

ところが子どもは、「お父さん、お母さん、教科書に書いてあったんだよ」と言い返す。「竹島・独島は不当な占拠」と教科書に書かれていると言われたら正すことはなかなか難しい。そのぐらい教科書は重いわけです。

子どもの頃からきちんと歴史観を育てなければ、特に近現代史、韓国併合の問題などを正しく知っていないと、それを蒸し返す韓国はひどいということになる。やっぱり重大な問題だと考えています。

▼国家的検閲の始まり　日本学術会議任命拒否

教科書問題とともに、日本学術会議の会員拒否問題があります。戦前は学問研究の自由は許されませんでした。基本的人権は、「法律の範囲内で」としてありましたが、学問の自由は明治憲法にありません。

戦前の日本は、世界でただ一つの神の国、神の子孫が治める国ということでした。ヨーロッパは王権神授説です。ローマ教皇が神の代理で王様にしたということでいいんですが、日本の場合は、ブッダが天皇を日本の主人にしたとは言えないので、伊藤博文は、万世一系の天皇、神の子孫が治める神の国というフィクションをつくったわけです。修身や国史で。

そうすると、歴史学を真面目にやったらダメなわけです。

作家の住井すゑさんの話ですが、彼女は奈良に住んでいて、天皇が神の子だと大人は本当に信じているのかと思って、行在所《あんざいしょ》、天皇が泊まったところへ翌日行って見たら、ちゃんと黄金に輝くものがあったから、天皇なんて神じゃないと思ったって言うんですね。

そのぐらい、妙に大人びて賢い子ども以外は、結構まともに信じていたわけです。信じ込ませるために、学問の自由を認めず、憲法にも書かない。

それと同じようなことが今進んでいます。政府の気に食わない人を学術会議に入れない、気に食わない記述は変えてしまう、これでは戦前体制への後戻りです。

▼抗議・要求書と脅迫メール

私たち（子どもと教科書全国ネット21）は、内閣総理大臣と文科大臣あてに要求書をつくりました。①教科書記述に対する政府の介入に抗議し、②政府見解とそれに基づく訂正申請承認の撤回、③その根拠となった二〇一四年改定検定基準の廃止などを求めるものです。

そして賛同団体を募ったところ、二〇〇を超える団体から賛同が寄せられました。韓国からも来ました。ドイツの日本人団体の「ドイツ女の会」からも来たんですね。

二回記者会見をやり、それなりに取り上げられましたので、一定の効果があったと思っています。

この問題のポイントは要求書で示した三点で、ここをちゃんとすればいいなと思っていたら、脅迫メールが来たんです。

二回目の記者会見の翌日のことです。「お前ら皆殺しにする」です。ちょっと尋常じゃないですよね。前の日の記者会見が影響していると思います。

警察に告訴しようとしましたが、データがなくあきらめました。ただ、警察は同じことが起きたらすぐに対処すると言っています。

脅迫メールは、ジンドゥー（Jimdo）のメーリングリストを使っているんですけど、これはＫＤＤＩです。ジンドゥーはドイツの会社ですが、日本ではＫＤＤＩが請け負っています。ＫＤＤＩに発信者の情報開示を求めましたが、やたらには教えられないと言います。警察が調べれば答えるかもしれないので引き続きやっています。

トリエンナーレでは捕まっていますが、やっぱりちゃんとやっておかないといけません。ヘイトと同じで、なにもしないで過ごすと、拡散するに決まっています。

▼さらにひどい領土問題

改めて今回の問題は、安倍政権時代の教科書攻撃が新たな段階に入ったと思います。自由社や育鵬社は採択が伸びずダウンしました。教科書をそれらに取り替えて何とかするというレベルは終わったんです。だけどあの安倍内閣でつくられた検定基準が、今猛威を振るっているということとです。

その検定基準が、領土問題ではいかにひどいか。

例えば、北方領土や竹島は、韓国やロシアが「占拠している」ではダメなんです。「不法」という言葉入れないと検定で通らない。

しかも相手（韓国やロシア）の言い分も記述しろとは書いてないんです。二〇一四年に中学校の指導要領解説を変える前は、韓国の言い分にも触れましたが、今は一切抜けているんです。だから、政府見解に踏まえて書けということです。相手の言い分を記述してもいいけど、下手に書けば文句言われるに決まっているからダメなんです。

小学校の場合、「竹島や北方領土は日本の領土で、それを韓国やロシアが占拠しています」ではダメです。子どもが誤解する恐れがあるという。「固有の」を入れて「日本の固有の領土です」としないとダメ。「固有の」と書かないと小学生が誤解するというのはいったいどういうことですか？　文科省の言い分は、かつて一度も外国の領土になったことはないから「固有」だそうです。

ここまでくると教科書ではありません。外務省が発行する冊子と同じです。

子どもたちには、やっぱり相手の言い分も教えるべきでしょう。竹島については私も自分の意見がありますが、「韓国はなぜ竹島（独島）を自分の領土だと言っているのか」「ロシアが北方領土は返さないと言うのはなぜか」を考える。そもそも北方領土という言葉は歴史上ないわけで、日本政府が作っただけでしょう。

サンフランシスコ条約で、日本は台湾・千島列島・南樺太の領有を放棄しました。ですからロシアは強硬です。

だから日本の検定教科書の地図は面白い。樺太の南は白くしなくてはいけません。教科書の上では、日本の領土は北方領土が入っています。そうしないと検定を通らないんです。

日本政府は、条約で領有を放棄したけど、どこのものとも決まってないという立場です。かつて植民地としてロシアから奪った樺太南部を。

千島列島は交換条約で交換しましたから、日本の領土だと思いますが、北千島までは領土とは言わないんです。

放棄したのはウルップ島より北で、歯舞・色丹は放棄してないという考え方なんです。支離滅裂です。科学的な根拠はないし、授業でこんなことを教えても生徒にはよくわからないでしょう。

領土問題について日本の主張ばっかり言っても外国との関係では議論にはならないと思います。しかし今はそのようになっているということです。

〔質疑応答〕

（Q）樺太の北緯五〇度以南が白くなっていることについて。私は日本の領土というふうに、国際的に確定された部分があったのかなと思いました。

（A）樺太は日露戦争の結果、ロシアから奪ったんです。カイロ宣言では、侵略して取り上げた領土は返すことになっている。だから、歴史的にはロシアの領土で、日露戦争の結果で取った領土は返すことが一般的な原則です。ところが日本政府は固執している。放棄しただけ、侵略で奪った領土ではないという見解です。つまり、ポーツマス条約によるので、これは合法的だという考えです。ですから五〇度以南を白くしろというわけです。

（Q）中学の教科書に戻りますが、育鵬社や自由社が、この規模の冊数しか出ないとすると、経営的には相当厳しいと思います。経営状況がどうなっているのか、存続できているのはどこかのいわば財政的支援のようなものがあるのか、お聞かせをいただきたいですが。

（A）「つくる会」・自由社はクラウドファンディングのようなことをやって、しょっちゅうお金を集めています。育鵬社の日本教育再生機構はよくわかりません。

教育再生機構首長会議というものがあって、その首長会議が公費で年会費を払っています。裁判になったりして、首長会議もヘタってるので、お金はたぶん動かないと思うんです。

僕は「官房機密費」から出ているのではないかと言っていますが、これは政権が変わってみないとわかりません。教育再生機構にお金はないでしょう。だから機関紙も出なくなった。だからそこは、クエスチョン。自由社はカンパが集まっているようだし、不合格教科書が結構売れるんです。

（司会）鈴木さん、ありがとうございました。

（日韓記者・市民セミナー　第二六回　二〇二二年一月一四日）

【参考資料】

「従軍慰安婦」「強制連行」の文言は不適当
菅内閣が質問主意書に対する答弁書を閣議決定！
〈声明〉「従軍慰安婦」「強制連行」の文言に関する閣議決定を受けて

令和3年4月28日
新しい歴史教科書をつくる会

（抜粋）
………この閣議決定は、「従軍慰安婦問題」の解決に向けて大きな一歩を踏み出したものですが、今後直ちに取り組まなければならない課題が三つあります。

第一に、文科大臣は、中学校歴史教科書に「従軍慰安婦」を記述した山川出版社に対し、訂正勧告を出し、供給先の学校に対し、ページの差し替え等の措置を取るよう行政指導をするべきです。また、採択が進行中の高校「歴史総合」の教科書に対しても、文科大臣が訂正勧告をすることを求めます。

第二に今回の閣議決定の論理からは、教科書に「従軍慰安婦」を書くことはダメだが、「慰安婦」ならよいという議論になりかねません。一般の歴史研究の対象として「慰安婦」を取り上げる場合とは異なり、学校で使う教科書に「慰安婦」を取り上げること自体が、教育上意味がないだけでなく有害です。このことを広く明らかにし、「慰安婦」の記述そのものを中学、高校の教科書から一掃する課題があります。

第三に、この問題の根源となり、著しく国益を損ねた河野談話を撤回することが最終的な解決となります。………

教科書の記述に対する政府の介入に抗議する会長声明

２０２１年11月10日
東京弁護士会　会長　矢吹　公敏

政府は、本年4月、国会議員の質問主意書に対する2つの政府答弁書において、「従軍慰安婦」という用語は、女性らが日本軍により強制連行されたという誤解を招くおそれがあり、単に「慰安婦」という用語を用いることが適切だとし、また、朝鮮半島から日本本土への労働者の動員についても、「強制連行」又は「連行」ではなく「徴用」を用いることが適切だとした。

その後、文部科学省は本年9月8日、教科書会社5社から、中学・高校の歴史教科書などについて、「従軍慰安婦」と「強制連行」という用語の削除や変更の訂正申請があり、これらを承認したことを明らかにした。

かかる訂正申請に関しては、今般の閣議決定の後、文部科学省が本年5月、教科書会社を対象に説明会を開き、検定に合格した教科書について、記述の訂正申請は「本年6月末まで」と示した上、文科相による訂正勧告の可能性にも言及したことや、教科書の個別の記述について文科省が発行者向けの説明会を開くのは異例であることが報じられている。

社会科等の教科用図書検定基準は２０１４年1月に改定され、「閣議決定その他の方法により示された政府の統一的見解又は最高裁判所の判例が存在する場合には、それらに基づいた記述がされていること」という基準が付加された（以下「２０１４年改定基準」という。）。今般の教科書の記述の訂正は、同基準に沿ってなされたものと言える。

本来、人間の内面的価値に関する文化的な営みとしての教育に、党派的、政治的な観念や利害が入り込むべきでなく、教育内容に対する政府の介入は抑制的でなければならない（旭川学力テスト事件最高裁判決（最大判昭和51年5月21日刑集第30巻5号615頁））。閣議決定などはその時々の政治的判断に基づく政治的色彩の濃いものであり、社会的に見解の分かれる事項について正しい唯一の結論とは到底言えない。

当会は、２０１５年５月12日付「教科書検定基準等の改定及び教科書採択に対する意見書」（以下「２０１５年当会意見書」という。）において、２０１４年改定基準は、国による教育への過度の介入であり、子どもの学習権（憲法第２６条）等を侵害するおそれがあるとして、国に対し、同基準の撤回を求めている。

今般の閣議決定は、慰安婦関係調査結果発表に関する河野内閣官房長官談話（１９９３年8月4日）の立場を「継承している」とする。しかし、河野談話は、慰安婦の募集が、甘言、強圧等により、本人達の意思に反して集められた事例の数が多いこと、特に朝鮮半島出身の慰安婦の募集、移送等が、甘言、強圧等により、総じて本人たちの意思に反して行われた事実を指摘している。「従軍慰安婦」「強制連行」という用語が適切でないとする閣議決定の見解は、河野談話と整合せず、恣意的であると疑わざるを得ない。

政府が閣議決定をもって教科書記述の内容を事実上決定することが、子どもの学習権を侵害し、教育の本質に反するおそれがあることは２０１５年当会意見書が指摘したとおりであり、今般の教科書の記述の訂正は、まさに同意見書が表明した懸念が現実化したものと言える。

よって、当会は、教科書の記述に対する政府の介入に抗議し、引き続き２０１４年改定基準の撤回を求めるものである。

YouTube「KJテレビ」日韓記者・市民セミナー

動画配信　二〇二三年二月二八日現在（第1回から13回まで韓国語字幕あり）
●印はブックレット収録済

●第1回　二〇一九年八月三日
関東大震災「朝鮮人虐殺否定」論反証　加藤直樹（作家）

●第2回　二〇一九年九月二五日
よく知らない韓国（人）を知ろう　権　鎔大（経営コンサルタント）

●第3回　二〇一九年一〇月一八日
特攻隊員として死んだ朝鮮人の慰霊事業　黒田福美（女優）

●第4回　二〇一九年一〇月二六日
JOCの不可解な動き　谷口源太郎（スポーツジャーナリスト）

●第5回　二〇一九年一一月二四日
北送事業60年の総括　菊池嘉晃（ジャーナリスト）

●第6回　二〇一九年一二月一二日
韓国ヘイトと対処法　香山リカ（精神科医）

●第7回　二〇一九年一二月一七日
在日二世の数奇な半生　尹　信雄（元民団倉敷支部団長）

●第8回　二〇二〇年二月一〇日
安倍政権の内政と外交　小池　晃（日本共産党書記局長）

●第9回　二〇二〇年二月二一日
南北韓と韓日関係の展望　平井久志（ジャーナリスト）

●第10回　二〇二〇年七月一日
虚構の「嫌韓」からの解放　澤田克己（毎日新聞論説委員）

●第11回　二〇二〇年七月一五日
川崎でのヘイトスピーチ攻防　石橋　学（神奈川新聞記者）

●第12回　二〇二〇年八月五日
在米コリアンと日系米人社会　　金真須美（作家・大学講師）

●第13回　二〇二〇年八月二六日
多様性の中の在日コリアン　　金村詩恩（作家・ブロガー）

●第14回　二〇二〇年九月二日
朝日新聞の慰安婦報道と裁判　　北野隆一（朝日新聞編集委員）

●第15回　二〇二〇年九月一六日
平行線をたどる徴用工問題　　殷　勇基（弁護士）

●第16回　二〇二〇年一〇月一六日
『評伝 孫基禎』の上梓とその後　　寺島善一（明治大学名誉教授）

●第17回　二〇二〇年一〇月三〇日
復刻『関東大震災』の意義　　高　二三（新幹社社長）

●第18回　二〇二〇年一一月一八日
キムチが食べられる老人ホーム・故郷の家　　尹　基（社会福祉法人「こころの家族」理事長）

●第19回　二〇二〇年一一月三〇日
日本学術会議会員任命拒否問題の背景　　纐纈　厚（明治大学特任教授）

●第20回　二〇二〇年一二月八日
差別と偏見の現場取材　　安田浩一（ノンフィクションライター）

●第21回　二〇二一年四月二七日
『韓国ドラマ食堂』の話　　八田靖史（コリアン・フード・コラムニスト）

○第22回　二〇二一年七月一四日
差別実態調査から見るヘイト　　権　清志（朝鮮奨学会代表理事）

●第23回　二〇二一年一一月六日
映画『在日』上映と呉徳洙監督を語る　　清水千恵子（映画『在日』スタッフ）

●第24回　二〇二一年一一月一九日
記憶を拓く「信州・半島・世界」　　田中陽介（信濃毎日新聞編集局デスク）

●第25回　二〇二一年一二月一三日
外国人は「害国人」ですか―日本の「入管体制」を検証する　田中　宏（一橋大学名誉教授）

●第26回　二〇二二年一月一四日
歴史事実に介入する政府と「作る会」　鈴木敏夫（子どもと教科書全国ネット21事務局長）

○第27回　二〇二二年三月一一日
在日オペラ歌手が願う日韓関係　田　月仙（オペラ歌手）

●第28回　二〇二二年三月二六日
日韓関係の危機をどう乗り越えるか　日韓協約の不存在から考える　戸塚悦朗（弁護士）

○第29回　二〇二二年四月一六日
参議院選に出馬～誰もが大切にされる社会実現へ　金　泰泳（東洋大教授）

○第30回　二〇二二年五月一〇日
時務の研究者「姜徳相」関東大震災時の朝鮮人虐殺研究　山本すみ子（姜徳相聞き書き刊行委員会）

○第31回　二〇二二年六月二七日
絶望から希望を見出す川崎・桜本発ふたつの物語　金聖雄（映画監督）

○第32回　二〇二二年七月九日
民族的連帯から見るインターナショナリズム 中野重治の朝鮮認識を手がかりに　廣瀬陽一（研究員）

○第33回　二〇二二年七月一七日
在日コリアン研究40年を振り返る　朴一（大阪市立大学名誉教授）

○第34回　二〇二二年八月三日
ヘイトスピーチ・ヘイトクライム根絶に向けて　師岡康子（弁護士）

○第35回　二〇二二年八月二七日
指紋押捺拒否からヘイトスピーチ根絶へ ピアノ&トーク　崔　善愛（ピアニスト、週刊金曜日編集委員）

○第36回　二〇二二年九月一三日
「先生不足」が生んだ学校崩壊の現実　安倍「教育再生」路線がもたらしたもの　竹村雅夫（藤沢市議会議員）

○第37回　二〇二二年九月二二日
民主主義を壊す政治と宗教の癒着　旧統一教会の問題性　有田芳生（前参議院議員）

〔著者紹介〕

● 田中　宏（たなか・ひろし）
1937年東京都生まれ。岡山県出身。

1960年東京外国語大学中国学科卒業。

1963年一橋大学大学院経済学研究科（東洋経済史専攻）修士課程修了。

アジア学生文化協会勤務、愛知県立大学教授、一橋大学教授、龍谷大学特任教授を経て一橋大学名誉教授。専攻は日本アジア関係史、日本社会論。

● 戸塚　悦朗（とつか・えつろう）
1942年静岡県生まれ。現職、弁護士。

英国王立精神科医学会名誉フェロー。日中親善教育文化ビジネスサポートセンター顧問。龍谷大学社研安重根東洋平和研究センター客員研究員。

1984年以降、国連人権NGO代表として国際的人権擁護活動に従事。国連等国際的な舞台で、精神障害者等被拘禁者の人権問題、日本軍「慰安婦」問題などの人権問題に関わり続けてきた。

● 鈴木　敏夫（すずき・としお）
1948年千葉県生まれ。

都立高校日本史教員、大学非常勤講師を経て、子どもと教科書全国ネット21事務局長。

＊日韓記者・市民セミナー　ブックレット9＊

千円札の伊藤博文と安重根
入管体制、日韓協約、教科書検定から制度と社会を考える

2022年9月27日　初版第1刷発行

著　者―――――田中宏、戸塚悦朗、鈴木敏夫
編集・発行人―裵哲恩（一般社団法人ＫＪプロジェクト代表）
発行所―――――株式会社 社会評論社
東京都文京区本郷2-3-10
電話：03-3814-3861　Fax：03-3818-2808
http://www.shahyo.com
装丁・組版――Luna エディット .LLC
印刷・製本――株式会社 プリントパック

■日韓記者・市民セミナー　ブックレット■

日韓記者・市民セミナー　ブックレット創刊号

『特集　日韓現代史の照点を読む』

加藤直樹／黒田福美／菊池嘉晃

A5判　一一二頁　本体九〇〇円＋税

二〇二〇年八月一五日発行

コロナの時代、SNSによるデマ拡散に、虚偽報道と虐殺の歴史がよぎる中、冷え切った日韓・北朝鮮関係の深淵をさぐり、日韓現代史の照点に迫る。関東大震災朝鮮人虐殺、朝鮮人特攻隊員、在日朝鮮人帰国事業の歴史評価がテーマの講演録。

第2号

『ヘイトスピーチ　攻防の現場』

石橋学／香山リカ

A5判　一〇四頁　本体九〇〇円＋税

二〇二〇年一一月一〇日発行

川崎市で「差別のない人権尊重のまちづくり条例」が制定され、ヘイトスピーチに刑事罰が適用されることになった。この画期的な条例は、いかにして実現したか？ ヘイトスピーチを行う者の心理・対処法についての講演をあわせて掲載。

第3号

『政治の劣化と日韓関係の混沌』

纐纈厚／平井久志／小池晃

A5判　一一二頁　本体九〇〇円＋税

二〇二一年二月一二日発行

政権はエピゴーネンに引き継がれ、学会へのあからさまな政治介入がなされた。改憲の動きと併せて、これを「〝新しい戦前〟の始まり」と断じることは誇張であろうか。日本学術会議会員の任命拒否問題を喫緊のテーマとした講演録ほかを掲載。

第4号

『引き継がれる安倍政治の負の遺産』

北野隆一／殷勇基／安田浩一

A5判　一二〇頁　本体九〇〇円＋税

二〇二一年五月一〇日発行

朝日新聞慰安婦報道と裁判、混迷を深める徴用工裁判、ネットではデマと差別が拡散し、ヘイトスピーチは街頭から人々の生活へと深く潜行している。三つの講演から浮かび上がるのは、日本社会に右傾化と分断をもたらした安倍政治と、引き継ぐ菅内閣の危うい姿。

第5号
『東京２０２０ 五輪・パラリンピックの顛末』
——併録 日韓スポーツ・文化交流の意義

谷口源太郎／寺島善一／澤田克己

二〇二一年九月一〇日発行
Ａ５判 一〇四頁 本体九〇〇円＋税

コロナ感染爆発のさなかに、強行された東京五輪・パラリンピック。贈賄疑惑と「アンダーコントロール」の招致活動から閉幕まで、不祥事と差別言動があらわとなった。商業主義と勝利至上主義の顛末は「オリンピックの終焉」を物語る。

第6号
『「在日」三つの体験——三世のエッジ、在米コリアン、稀有な個人史』

金村詩恩／金真須美／尹信雄

二〇二一年一二月五日発行
Ａ５判 一〇四頁 本体九〇〇円＋税

三人の在日コリアンが実体験に基づき語るオムニバス。日本社会で在日三世が観る風景。在米コリアンと在日三世の出会いと体験。日本人の出自でありながら「在日」として生き、民団支部の再建と地域コミュニティに力を尽くした半生を聴く。

第7号
『キムチと梅干し——日韓相互理解のための講演録』

権鎔大／尹基／八田靖史

二〇二二年三月一〇日発行
Ａ５判 一〇四頁 本体九〇〇円＋税

互いにわかっているようで、実はよくわからない——そこを知る一冊。韓国文化と生活習慣の理解が在日高齢者の介護に不可欠だという「故郷の家」。韓国ドラマの料理から文化と歴史を探る。日韓相互理解と交流のためにきっと役立つ講演録。

第8号
『歴史の証言——前に進むための記録と言葉』

田中陽介／高二三／金昌寛、辛仁夏、裵哲恩、清水千恵子

二〇二二年六月二八日発行
Ａ５判 九六頁 本体九〇〇円＋税

紹介された信濃毎日新聞の特集は、誠実に歴史に向き合うことの大切さを教えてくれる。姜徳相著『関東大震災』復刻と、呉徳洙監督の映画『在日』は、前に向かって進むためのかけがえのない歴史記録。

ブックレット創刊のことば

日韓関係がぎくしゃくしていると喧伝されています。連日のように韓国バッシングする夕刊紙、書店で幅を利かせる「嫌韓」本、ネットにはびこる罵詈雑言。韓流に沸いた頃には考えられなかった現象が日本で続いています。その最たるものが在日を主なターゲットにしたヘイトスピーチです。

一方の韓国。民主化と経済成長を実現する過程で、過剰に意識してきた、言わば目の上のたんこぶの日本を相対化するようになりました。若い世代にすれば、「反日」は過去の遺物だと言っても過言ではありません。支持率回復を企図して政治家が「反日」カードを切るパフォーマンスも早晩神通力を失うでしょう。

ことさらに強調されている日韓の暗の部分ですが、目を転じれば明の部分が見えてきます。両国を相互訪問する人たちは二〇一九年に一〇〇〇万人を超え、第三次韓流は日本の中高生が支えていると知りました。そこには需要と供給があり、「良いものは良い」と素直に受け入れる柔軟さが感じられます。

コリア（K）とジャパン（J）の架け橋役を自負するKJプロジェクトは、ユネスコ憲章の前文にある「相互の風習と生活を知らないことは、人類の歴史を通じて疑惑と不信をおこした共通の原因であり、あまりにもしばしば戦争となった」「戦争は人の心の中で生まれるものであるから、人の心の中に平和のとりでを築かなくてはならない」との精神に立脚し、日韓相互理解のための定期セミナーを開いています。

このブックレットは、趣旨に賛同して下さったセミナー講師の貴重な提言をまとめたものです。食わず嫌いでお互いを遠ざけてきた不毛な関係から脱し、あるがままの日本人、韓国人、在日の個性が生かされる多文化共生社会と、国同士がもめても決して揺るがない市民レベルの日韓友好関係確立を目指します。

二〇二〇年八月

一般社団法人 KJ プロジェクトは、会費によって運営されています。日韓セミナーの定期開催、内容の動画配信、ブックレット出版の費用は、これにより賄われます。首都圏以外からも講師の招請を可能にするなど、よりよい活動を多く長く進めるために、ご協力をお願いします。

会員登録のお問い合わせは、

▶ KJ プロジェクトメールアドレス　cheoleunbae@gmail.com へ